신라 역사의 서막을 살피다

신라 역사의 서막을 살피다
新羅 建國勢力의 出現과 花郞道의 淵源에 대한 考察

손종옥 지음

책마을

책을 내면서

설화 속에 감춰진 진실을 찾아

 우리는 반만년의 유구한 역사를 가진 민족임을 자부하면서도 반만년의 역사 가운데 그 전반 3천 년의 역사에 대한 지식은 너무나 빈약하다.
 이러한 현실 속에서 필자筆者는 신라新羅 시조始祖 박혁거세朴赫居世는 어디에서 온 누구의 자손으로서 이 땅에 자리 잡았고, 김알지金閼智와 석탈해昔脫解는 어디에서 온 누구이며, 육촌六村 사람들은 어느 땅에 살던 누구의 자손들인가에 대하여 밝혀 보고자 한다. 어느 한 가지도 확언確言할 수 있는 사료史料나 지식은 갖고 있지 않지만, 외람되게도 신화神話와 전설傳說 속에 잠들어 있는 설화시대說話時代를 일깨워서 역사시대歷史時代로 접근接近 시키는 데 조금이나마 도움이 되었으면 하는 간절한 마음으로 본고本稿의 집필執筆을 시작하게 되었다.

  문제는 설화 속에 감추어진 역사의 진실을 밝히는 것이다. 그것은 새로운 사료史料의 확보 없이는 해결이 불가능하다 할 것이지만 한편으로 생각해 보면, 새로운 해석이나 합리적인 추론推論으로도 실제의 역사에 한 발짝 더 접근해 볼 수 있지 않을까 하는 기대감이 없지 않았다. 때문에 신라 건국세력의 출현에 대하여 심찰深察하였으나 새로이 사료를 확보하는 것도 여의치 않은 데다 능력이 부족하여 대부분 확론確論을 도출하지 못하고 추정推定과 추론推論으로 마무리하게 되었다.

  그러나 그것이라도 출간出刊을 하지 않으면 그 연구는

언제나 제자리걸음만 하게 될 것이므로, 내용상의 미흡함을 극복하지 못한 채 작지만 책을 펴낸다.

  이를 일별一瞥하신 제현諸賢으로부터 애정 어린 질정叱正이 있으시길 바랄 뿐이다.

신축년 오월

추강산방楸江山房에서

손 종 옥孫鍾玉 씀

‖ 차례 ‖

책을 내면서 4

제1편
신라新羅를 세운 사람들은 어디에서 왔는가

Ⅰ. 서언緒言 16

Ⅱ. 육촌六村 사람들의 소자출所自出 20

1. 육촌 사람들의 소자출에 대한 주장들
(1). 진한유민설辰韓遺民說 20
(2). 진한출자설辰韓出自說 21
(3). 진망인설秦亡人說 22
(4). 연피난인설燕避難人說 23

2. 검토의 방향 24

‖ 차례 ‖

3. 고조선古朝鮮과 전·후삼한前後三韓의 대강大綱 26

4. 사료史料의 검토
   (1). 진한유민설辰韓遺民說의 검토 48
   (2). 진한출자설辰韓出自說의 검토 54
   (3). 진망인설秦亡人說의 검토 58
   (4). 연피난인설燕避難人說의 검토 60

5. 종합적인 견해 63

Ⅲ. 박혁거세朴赫居世 거서간居西干의
    출현出現과 건국建國

1. 박혁거세의 탄생誕生 설화說話 76

2. 서술성모西述聖母 소탄설所誕說 81

‖ 차례 ‖

3. 서술성모西述聖母는 어디에서 왔는가
(1). 중국中國 제실帝室의 딸이라는 주장 85
(2). 부여夫餘 제실帝室의 딸이라는 주장 86
(3). 검토 의견 88

4. 알영閼英 왕비王妃의 탄생
(1). 탄생 설화 103
(2). 검토 의견 106

5. 혁거세赫居世의 성명과 위호位號
(1). 성姓 109
(2). 이름과 위호位號 113

6. 국호國號와 도성都城
(1). 국호國號 118
(2). 도성都城 121

7. 사기史記에 기록되지 않은 역사歷史 126

‖ 차례 ‖

Ⅳ. 알지閼智 대보大輔의 출현出現

1. 알지閼智의 탄생 설화   135

2. 설화의 검토
(1). 설화의 체계와 태자 책봉 등   141
(2). 알지 탄생 연대의 오류   142
(3). 계룡雞龍이 상서祥瑞를 나타내다   146
(4). 알지閼智의 이름과 성姓   150
(5). 알지의 탄생 연도 추정   153
(6). 알지와 호공瓠公의 관계 추정   155

3. 설화說話 속의 국호國號 계림雞林   159

‖ 차례 ‖

V. 탈해脫解 이사금尼師今의 출현出現

1. 탈해脫解의 출현 설화說話
(1). 『삼국사기』 탈해이사금 조의 설화   162
(2). 『삼국유사』 탈해왕 조의 설화   165
(3). 『삼국유사』 가락국기 조의 설화   170

2. 설화의 검토
(1). 탈해脫解는 어디에서 왔는가   172
(2). 탈해의 출현 시기
      ①. 『삼국사기』 탈해이사금 조의 설화 검토 183
      ②. 『삼국유사』 탈해왕 조의 설화 검토 188
      ③. 『삼국유사』 가락국기 조의 설화 검토 190
      ④. 종합적인 견해   192
(3). 탈해 출현出現의 성격性格   198
(4). 탈해의 성姓과 이름   199

‖ 차례 ‖

제2편
화랑도花郞道의 연원淵源

1. 화랑도의 칭호稱號　206
2. 화랑도의 원류源流　208
3. 화랑도의 계율戒律과 소도蘇塗　220
4. 조직組織과 수련修練　227
5. 화랑도의 기풍氣風　232
6. 김부식金富軾과 화랑도의 역사歷史　235
7. 화랑도의 변천變遷　240

‖ 차례 ‖

여적餘滴

신라新羅 군주君主의 시호諡號 시행 전 위호位號와 그 의미

   1. 거서간居西干 244
   2. 차차웅次次雄 245
   3. 이사금尼師今 247
   4. 마립간麻立干 250

제1편

신라新羅를 세운 사람들은 어디에서 왔는가

Ⅰ. 서언緖言

신라新羅의 처음은 서라벌徐羅伐 또는 서벌徐伐이다. 이 서라벌 건국세력建國勢力의 출현出現이라 하면 대체로 육촌六村 사람들과 박朴, 석昔, 김金 등 왕실王室 3성姓의 출현出現을 아울러 일컫는 말이다.

그 사료史料는 『삼국사기三國史記』와 『삼국유사三國遺事』에서 찾아볼 수 있으나 내용이 단편적斷片的이고 전설적傳說的인 설화說話에 불과한 것이어서 역사歷史의 맥락脈絡을 연결하기는 쉽지 않다. 때문에 그것이 실재實在의 역사사실歷史事實이 아니고 후세의 위작僞作이라는 주장마저 없지 않으므로 쉽게 접근接近하기 어렵다. 이러한 사료史料가 그렇게 전해질 수밖에 없었던 역사적 과정을 먼저 더듬어 볼 필요가 있을 듯하다.

고대국가古代國家의 역사 편찬編纂은 대체로 국가의 체제와 왕권王權이 확립된 후에 이루어졌다.

이 점을 감안할 때 육촌六村의 출현出現과 서라벌徐羅伐의 건국建國 및 왕실王室 3성姓의 발상조發祥祖에 대한 역사는 처음부터 기록記錄으로 전하여진 것이 아니라 설화說話로 구전口傳되다가 후대에 이르러서 기록화記錄化된 것으로 보아야 한다.

인간의 기억력은 시간적 제약을 받을 수밖에 없고, 설화說話는 그것을 전하는 사람의 사상思想이 가미加味되기 마련이다. 서라벌 건국세력이 출현할 당시의 역사는 구전과정口傳過程에서 많은 부분이 실전失傳되고, 때로는 와전訛傳도 있었을 것이며, 토속신앙土俗信仰이나 시대적時代的 요청要請 또는 당시의 사상思想 등과 결합하여 거기에 신비적神秘的인 요소가 가미되기도 하였을 것이다. 따라서 그것이 기록화될 때는 이미 사료史料의 결핍缺乏으로 본래의 모습이 감추어져 단편적이거나 설화로 수습收拾될 수밖에 없었을 것이라는 짐작이 가능하다.

이러한 과정을 딛고 수습된 신라 당시의 사서史書는 언제 없어졌는지조차 지금은 알 길이 없다. 서라벌의 건국과 그 건국세력의 출현에 대한 역사는 다만 『삼국사기』와 『삼국유사』에 의존할 수밖에 없게 되었다.

그런데 『삼국사기』나 『삼국유사』는 『조선왕조실록朝鮮

王朝實錄』과 같이 매일매일 일어난 사건들을 일기화日記化한 것이 아니라 전래傳來의 사료史料를 저술자著述者의 세계관世界觀과 역사관歷史觀에 따라 취사선택取捨選擇하고 유문일사遺聞逸事를 수습收拾한 작품이다. 더구나 그 양서兩書에 수록된 서라벌의 건국과 건국세력의 출현에 관련된 사료는 사건事件 당시로부터 즐풍목우櫛風沐雨 일천 수백 년이 지난 뒤라, 역사의 한 편린片鱗에 불과한 고기古記 등 잔존사료殘存史料와 유문일사遺聞逸事에 의거 수록收錄한 것이라고 볼 수 있다. 그러하기에 실록實錄과 같은 사료적 충실성을 기대할 수 없음은 물론 앞뒤 맥락에 단절斷絶이 있는 것도 당연하다 할 것이다.

하지만 그것을 빌미로 사료 전부를 실재의 역사에 근거하지 않은 것이라는 주장은, 긍정적인 사료관의 결여에서 온 속단速斷이라 할 수 있을 것이다.

역사가 오래된 나라의 시조나 발상發祥이 오래된 종족宗族의 원조元祖에 대한 사료치고 전설적이거나 단편적이지 않은 경우가 과연 얼마나 있겠는가. 그것을 이유로 그 모두를 역사 사실이 아니라고 한다면 그것은 상고사上古史의 연구라는 미명美名 아래 상고사를 말살하는 결과를 불러오게 될 위험이 있다. 그러므로 이러한 사료 연구는 그 속에도 반드시 역사의 진실이 간직되어 있을 것이라는 긍정적인 사료관을 가지고, 마치 깨어진 토기土器 조각을 놓고 그것의 온전한 모습을 상상해 보는 자세로 단절된 역사의 맥락을 연결하지 않으면 그 연구는 진전을 기대할 수 없다.

여기에선 먼저 육촌六村 사람들이 어디로부터 왔는가를 살펴보고 박朴, 김金, 석昔 왕실 3성의 출현을 고찰考察해 보기로 한다.

Ⅱ. 육촌六村1) 사람들의 소자출所自出

1. 육촌 사람들의 소자출所自出에 대한 주장들

(1). 진한유민설辰韓遺民說

『삼국사기三國史記』2)「혁거세赫居世 거서간居西干의 건국

---

1) **육촌六村** : 신라新羅가 건국되기 전 현재의 경주시慶州市 지역 일대에 여섯 부족部族이 각각 촌村을 이루고 살았는데, 이것이 신라 건국의 모체母体가 되었다.
    ○ 알천閼川 양산촌楊山村 - 촌장 알평謁平. 영역領域은 지금의 경주 시내 중심 지역으로 추정
    ○ 돌산突山 고허촌高墟村 - 촌장 소벌도리蘇伐都利. 영역은 지금의 경주시 탑동塔洞에서 내남면內南面, 울산시 두동면斗東面과 두서면斗西面을 포함한 지역으로 추정
    ○ 무산茂山 대수촌大樹村 - 촌장 구례마俱禮馬. 영역은 지금의 경주시 서면西面, 건천읍乾川邑, 현곡면見谷面 지역으로 추정
    ○ 취산觜山 진지촌珍支村 - 촌장 지백호智伯虎. 영역은 낭산狼山에서 알천閼川과 문천蚊川의 상류지역과 외동읍外東邑 일대의 지역으로 추정
    ○ 금산金山 가리촌加利村 - 촌장 지타祇沱. 영역은 지금의 양북면陽北面, 양남면陽南面, 감포읍甘浦邑 지역으로 추정
    ○ 명활산明活山 고야촌高耶村 - 촌장 호진虎珍. 영역은 지금의 천북면川北面과 안강읍安康邑 동남부 지역으로 추정
2) 『삼국사기三國史記』: 고려 인종 23(1145)년에 김부식金富軾 등 사관史官이 왕명으로 편찬한 역사책. 신라·백제·고구려 세 나라의 건국에서 멸망까지의 역사를 기전체紀傳體로 기록하였음. 『삼국유사』와 함께 우리나라 최고最古의 사서史書임. 50권

기사建國記事」를 살펴보면 "신라 건국보다 먼저, 조선유민朝鮮遺民[3])이 산곡간에 흩어져 살면서 육촌을 이루니…이를 진한육부라 한다.[4])"라고 하여 육촌 사람들은 조선유민 중 진한유민[5])이 집단 이주하여 온 사람들이라는 진한유민설辰韓遺民說을 제기하였다.

(2). 진한출자설辰韓出自說

육촌 사람들은 외래인이 아니고 진한지역 출신이라는 주장이 진한출자설이다.

『삼국유사三國遺事』[6]) 「신라시조新羅始祖 혁거세왕赫居世王』 조에 이르기를 "진한 땅에는 옛날에 6촌이 있었다. ……위의 글을 살펴보건데, 이 6부의 조상은 모두 하늘에서 내려온 것 같다.[7])"고 하였다. 이로써『삼국유사』에는

10책
3) 조선유민朝鮮遺民 : 유민遺民은 망하여 없어진 나라의 백성을 가리키는 말이니 여기의 조선유민은 이미 망해버린 고조선古朝鮮의 백성들을 말한다.
4)『삼국사기』「혁거세거서간」 조條 : 先是朝鮮遺民 分居山谷之間 爲六村……是爲辰韓六部
5) 진한유민辰韓遺民 : 이미 망해버린 고조선의 삼한三韓 가운데 태왕太王인 진한辰韓의 직할 백성을 지칭하는 말임.
6)『삼국유사三國遺事』: 고려 충렬왕 때 일연선사一然禪師가 쓴 역사책. 신라·백제·고구려 세 나라의 사적事跡 및 신화·전설·시가詩歌 등이 수록되어 있음.『삼국사기』와 함께 우리나라 최고最古의 사서史書임. 5권 2책

이미 진한출자설辰韓出自說이 제기提起되어 있다고 하겠다.

(3). 진망인설秦亡人說

육촌 사람들은 진秦나라 유망인流亡人 집단이라는 주장이 진망인설秦亡人說이다.

『삼국지三國志』8) 삼한전三韓傳에 이르기를 "진한은 마한의 동쪽에 있다. 그 기로耆老가 대대로 전하여 스스로 말하기를, 옛날에 유망流亡하는 사람들이 진역秦役을 피하여 한국韓國에 가니 마한이 그 동계東界의 땅을 베어주었다.9)"라고 하였고, 『후한서後漢書』10)에도 『삼국지』의 것을 초습剿襲한 듯한 내용으로 "진한의 기로耆老가 스스로 말하기를 진秦나라의 유망인流亡人들이 한국韓國에 가니 마한馬韓이 동계東界의 땅을 베어주었다. 서로 부르기를 '도

---

7) 『삼국유사』「신라시조 혁거세왕」條 : 辰韓之地 古有六村⋯⋯安上文 此六部之祖 似皆從天而降
8) 『삼국지三國志』: 진晋나라 진수陳壽가 편찬한 삼국의 역사서. 위지魏志 30권, 촉지蜀志 15권, 오지吳志 20권으로 되어있으며, 부여·고구려 등의 관제·풍속, 삼한전 등 우리의 사료가 일부 수록되어 있음.
9) 『삼국지』 삼한전 : 辰韓在馬韓之東 其耆老傳世自言 古之亡人 避秦役 來適韓國 馬韓割其東界地與之
10) 『후한서後漢書』: 남조南朝 송宋의 범엽范曄이 『동관한기東觀漢紀』를 저본으로 하여 제가설諸家說을 가려 뽑아 엮은 후한後漢의 기전체 역사서.

徒'라고 하는 것이 진나라 말과 흡사함이 있었다. 때문에 어떤 이는 이름하여 진한秦韓이라고도 한다."11)라고 하여 진망인설秦亡人說을 제기하였다.

(4). 연피난인설燕避難人說

『삼국유사』 진한조에 인용된 최치원崔致遠12)의 주장이다. "최치원이 이르기를, 진한은 본래 연燕나라에서 피난避難 온 사람들이다.13)"라고 하여 연피난인설燕避難人說의 여지餘地를 남겼다.

---

11) 『후한서』: 辰韓耆老自言 秦之亡人適韓國 而馬韓割東界地以與之 相呼爲徒 有似秦語 故或名之爲秦韓
12) 최치원崔致遠 : 신라 말기의 학자 자는 고운孤雲. 저서에 『계원필경집桂苑筆耕集』 등이 있고, 문묘文廟에 제향.
13) 『삼국유사』 「진한」 조: 崔致遠云 辰韓本燕人避之者

2. 검토檢討의 방향

앞에서 살펴본 육촌사람들의 소자출所自出에 관한 여러 사료史料의 주장들은 모두 진한辰韓과 무관無關하지 않다. 그러므로 육촌사람들의 소자출所自出을 판단하는 데는 먼저 진한辰韓의 성격性格을 규명糾明하는 것이 순서일 듯하다.

『삼국사기』에는 조선유민朝鮮遺民의 서라벌 육촌을 진한육부辰韓六部라 하여 그 양자兩者를 동일시同一視하였다. 또 혁거세거서간赫居世居西干 38년 조에 "진한유민辰韓遺民으로부터 변한卞韓, 낙랑樂浪, 왜인倭人들에 이르기까지 두려워하는 마음을 품지 아니하는 자가 없다."14)라고 하였다. 여기에서 말하는 '진한유민'이란 곧 망하여 없어진 진한의 백성을 말하는 것이다. 따라서 앞에서 언급한 진한육부는 바로 진한유민의 육부일 것이니 그 진한유민은 곧 조선유민이라 할 것이다.

그러면 이미 망하여 없어진 조선朝鮮과 진한辰韓은

---

14) 『삼국사기』「혁거세거서간 38년」條: 自辰韓遺民 以至卞韓 樂浪倭人 無不畏懷

어디에 있었으며, 어떤 관계에 있었던가를 먼저 살펴보고 그 바탕 위에서 육촌사람들이 어디에서 왔는지 검토해보기로 한다.

3. 고조선古朝鮮과 전·후삼한前·後三韓의 대강大綱

『삼국유사』「말갈靺鞨, 발해渤海」조에 인용된 것으로 소동파蘇東坡15)의 『지장도指掌圖』를 보면, "진한辰韓의 북쪽에 남·북흑수南·北黑水가 있다."고 하고, 또 "흑수黑水는 장성長城의 북쪽에 있다."16)고 했다. 흑수는 곧 흑룡강이다. 지장도의 그 말을 뒤집어 보면, 흑룡강黑龍江 남쪽에 진한辰韓이 있고, 그 남쪽에는 만리장성萬里長城이 있다는 말이니 진한은 곧 만주滿洲의 중심부에 있었다는 말이 된다. 이것이 진한 유민들의 망해버린 옛 진한이라 생각된다.

진한辰韓은 변한卞(番·弁)韓, 마한馬韓과 함께 삼한三韓 중 하나다. 종래에 학계學界에서는 한강漢江 이남의 삼한三韓만 인정하는 경향이 있더니 석학碩學 신채호申采浩17), 정

---

15) 소동파蘇東坡 : 송宋나라 사람. 이름은 식軾, 자字는 자첨子瞻, 호는 동파東坡. 당唐·송宋 팔대가八大家의 한 사람
16) 按東坡指掌圖 辰韓之北 有南北黑水…黑水在長城之北
17) 단재丹齋 신채호申采浩 : 1880(고종17)~1936. 독립운동가, 사학자, 언론인. 호는 단재丹齋. 충북 청주 출신. 성균관 박사. 황성신문 대한매일신보 등에 논설을 쓰고 독사신론讀史新論을 발표하여 민족의식 앙양과 독립정신 고취. 해조신문海潮新聞

인보鄭寅普18) 등이 전·후삼한설前·後三韓說을 주장하여 크게 주목을 받았다.

먼저 단재丹齋 신채호申采浩의 저서『조선상고사朝鮮上古史』에서 전삼한前三韓에 관한 주장을 대강 간추려 보면, "대단군大壇君 왕검王儉이 이미 삼신三神 오제五帝의 신설神說로써 우주宇宙의 조직을 설명하고, 그 신설神說에 의하여 세사世事 일반一般의 제도制度를 정하였으니 신한辰韓,

---

발간. 신민회에 가입. 국채보상운동 참가. 상해 임시정부 의정원 의원 겸 전원위원회 위원장. 북경에 가서 천고天鼓 발행. 중화일보中華日報 논설 집필. 1929년 대련大連에서 일본 관헌에 체포되어 10년형을 선고받고 복역 중 여순旅順감옥에서 옥사. 우리나라 언론의 선구적인 역할을 하였고, 민족사관民族史觀의 토대를 이룩함. 1962년 대한민국건국공로훈장 복장 수여. 저서로『조선상고사朝鮮上古史』『조선사연구초朝鮮史研究草』『조선상고문화사』등 ※『조선사연구초』는 뒤에『한국사연구초』로 개명 발간되었음.

18) 정인보鄭寅普 : 1892(고종29)~? 한학자, 사학자. 호는 위당爲堂 · 담원薝園. 서울 출신. 1910년 중국에서 동양학을 전공하면서 신규식申圭植, 박은식朴殷植, 김규식金奎植, 신채호申采浩 등과 동제사同濟社를 조직하여 독립운동과 동포 계몽에 힘씀. 1918년에 귀국하여 연전延專, 이전梨專, 세브란스 의전醫專, 중앙불교전문학교 등에서 교편을 잡고, 국어·국학·동양학을 강의하면서, 시대일보와 동아일보 등에서 논설위원으로 총독부의 정책을 신랄하게 비판하여 국혼國魂을 환기시켰다. 1948년에 국학대학장 · 초대 감찰위원장이 되었다. 6.25사변 때 납북拉北되었다. 국문학사 · 한문학 · 국사학 등 국학 전반에 큰 족적을 남겼다. 저서로『조선사연구朝鮮史研究』『조선문학원류고朝鮮文學源流考』등이 있음.

불한卞韓, 말한馬韓의 삼한三韓을 세워서 삼경三京에 분주分駐하여 각각 일정一定 영역領域을 분치分治하였는데, 신한辰韓은 대단군大壇君으로서 제사장祭司長 겸 정치상의 원수元首 즉 대왕大王이 되고, 불한과 말한은 신한을 보좌輔佐하는 부왕副王에 불과했다고 하였다. 또 삼한三韓은 나라의 이름이 아니라 세 임금을 의미하는 말이다. 삼한三韓의 '한韓'은 '대大'의 뜻과 '일一'의 뜻으로 왕의 명칭이 된 것이다."라고 하였다.

건융제乾隆帝의 『만주원류고滿洲源流考』19)에도 "삼한三汗의 한汗은 군장君長의 뜻이니, 이는 곧 관명官名이요, 국명國名이 아니다."라고 하였다. 한韓과 한汗, 간干은 모두 왕王이라는 의미의 북방어北方語다.

또 단재丹齋는 삼한의 명칭인 진한辰韓 · 변한卞韓 · 마한馬韓은 이두자吏讀字 표기表記이므로 신한 · 불한 · 말한으로 읽어야 한다고 하고, 신한의 신辰은 조선 고어古語에 최고最高 최상最上을 의미하는 말이라고 하였다.

그러나 본고本考에서는 그 뜻은 받아들이되 계속하여

---

19) 『만주원류고滿洲源流考』: 청清나라 고종高宗 건융연간乾隆年間에 아계阿桂 등이 지은 만주滿洲의 지사地史 · 부족部族 · 강역 · 산천 · 국속國俗 4부분으로 되어있다. 접경지接境地의 연구에 긴요한 책이다.

진한 · 변한 · 마한으로 쓰기로 한다.

다음으로 위당爲堂 정인보鄭寅普의 저서『조선사연구朝鮮史硏究』에서 삼한三韓에 관한 주장을 간추려 보면, "삼한三韓의 '한韓'은 '대大'의 뜻이요, '군君'의 뜻이라 한汗·간干과 같은 것이니, 사가史家 신채호申采浩가 주장한 고조선古朝鮮의 정체政體가 최고의 군주君主 아래 좌우에서 보필輔弼하는 두 '한韓'이 있어서 협찬夾贊하였다는 것이 실로 정해正解라 할 것이다.… 마한馬韓·변한弁韓이 다 각각 어떠한 의의를 가진 존위尊位로 중국 고대의 방백方伯·사악四岳20)과 같이 제소국諸小國을 분통分統하던 것이다."라고 하였다.

조선은 이와 같은 나라의 체제體制를 세우고 한토漢土와 쟁웅爭雄하며 내려오다가 당세當世의 종교宗敎라 할 수 있는 삼신설三神說21)이 파탄破綻에 이르게 되면서 조정朝廷

---

20) 방백方伯·사악四岳 : 방백方伯은 주周나라의 제후, 즉 지방장관을 의미하고, 사악四岳은 요堯임금의 신하 희화羲和의 네 아들을 사방의 제후로 삼았던 것을 말함.
21) 삼신설三神說 : 삼신설은 곧 삼신오제신설三神五帝神說이다.『태백일사太白逸史』「삼신오제본기三神五帝本紀」의 내용을 요약하면, "상계上界로부터 삼신三神이 있었으니 그 주체는 일신一神이나 쓰임에는 삼신三神이다. 삼신은 천일天一·지일地一·태일太一이라 한다. 천일天一은 조화造化를 주관하고, 지일地一은 교화敎化를 주관하고, 태일太一은 치화治化를 주관한다. 또 오제五帝는 흑제黑帝·적제赤帝·청제靑帝·백제

을 나누어 토경土境을 다스리던 삼한제도三韓制度22)에서, 대왕大王의 권력權力을 나누어 영역領域을 다스리는 삼조선제도三朝鮮制度23)로 바꾸어 삼조선三朝鮮이 분립分立하게 되었다. 진한辰韓은 진조선辰(眞)朝鮮이요, 변한卞韓은 번조선番朝鮮 또는 발조선發朝鮮이요, 마한馬韓은 막조선莫朝鮮이다.

白帝·황제黃帝를 말한다. 흑제는 숙살肅殺을 주관하고, 적제는 광열光熱을 주관하고, 청제는 낳고 이름을 주관하고, 백제는 성숙成熟을 주관하고, 황제는 조화調和를 주관한다. 또 오령五靈은 태수太水·태화太火·태목太木·태금太金·태토太土라 하니, 태수는 영화롭고 윤택함을 주관하고, 태화는 녹이고 지지는 것을 주관하고, 태목은 영축營築을 주관하고, 태금은 재단裁斷을 주관하고, 태토는 가종稼種, 즉 씨뿌림을 주관한다. 이에 삼신은 곧 오제를 감독하고 명령하사 각각 드러내어 그것을 세상에 널리 행하게 하고, 오령五靈을 계도하여 이룸으로써 자연히 만물을 생성하여 기르게 하느니라. <下略> 삼한三韓·오가五加는 곧 삼신三神·오제설五帝說에 따른 제도다. 일설에는 환인·환웅·왕검을 삼신이라고도 함.

22) 삼한제도三韓制度 : 삼신설三神說에 의하여 조정朝廷을 셋으로 나누어 진한辰韓은 태왕太王이 되고, 변한卞韓과 마한馬韓은 부왕副王이 되어 토경土境을 다스리던 제도, 즉 분조관경제도分朝管境制度임

23) 삼조선제도三朝鮮制度 : 삼한제도를 삼조선제도로 개편한 것이니, 즉 진한 직할지역을 진조선辰朝鮮으로 하여 진한辰韓은 역시 태왕太王이 되고, 변한 분치지역分治地域을 번조선番朝鮮(일명發朝鮮)으로 하고, 마한 분치지역을 막조선莫朝鮮으로 하여 태왕의 통치권 일부를 변한과 마한 두 부왕에게 나누어 주어 분권관경分權管境을 하던 제도인데, 삼조선제도는 분권통치의 영역을 구분 지칭하는 의미가 있다.

전·후 삼한 위치도

[참고]
- 『만주원류고』에 "漢書" 地理志의 遼東郡 番汗縣, 즉 지금의 蓋平 등지가 卞韓의 故都"라고 했다.
- 灤河의 古名이 遼河다. 句驪河를 遼河로 고쳐 부른 것은 요나라 聖宗 4년(서기 1345년)부터이다.
- 한자로 표기한 삼한은 전삼한, 한글로 표기한 삼한은 후삼한.

『사기史記』24) 조선열전朝鮮列傳에 보이는 '진번조선眞番朝鮮'은 진조선眞朝鮮과 번조선番朝鮮의 병칭倂稱이요, 『사기』 서광徐廣 주註에 "번番 자를 혹은 막莫자로도 쓴다."고 하였으니, 그렇게 하면 막조선莫朝鮮이 되는 것이라, 이러한 기록은 삼조선三朝鮮의 실존實存을 일깨워 준다.

『만주원류고滿洲源流考』에 "주신珠申은 관할토경管轄土境을 의미하는 말로써 숙신肅愼의 어원語源이다."라고 했으니 이는 곧 중국 사서史書에 보이는 직신稷愼 · 식신息愼 · 주신州愼의 어원語源인 동시에 우리의 국호 조선朝鮮의 어원語源이라 할 것이다.

이두吏讀의 전신前身인 향찰鄕札로써 쓴 진한辰韓의 '한韓'을 의역意譯하면 진왕辰王 또는 대왕大王 · 태왕太王이 되고, 그 진한辰韓을 한역漢譯하면, 곧 조선왕朝鮮王이 된다고 할 것이다. 진辰은 조선朝鮮의 음音의 합호合呼로써 전변轉變한 것으로 보기 때문이다.

중국 사료에는 진한辰韓을 진한眞韓이라 쓰기도 하고 동호東胡라 칭하기도 했으며, 변한卞韓을 번한番韓 · 발한發韓

---

24) 『사기史記』: 한漢나라 사마천司馬遷이 황제黃帝로부터 한무제漢武帝에 이르기까지의 약 3000년의 역사를 기전체紀傳體로 적은 역사서. 12본기本紀 · 10표表 · 8서書 · 30세가世家 · 70열전列傳으로 이루어졌음. 원명은 『태사공서太史公書』. 130편.

등으로 기록했고, 마한馬韓은 막한莫韓·모한慕韓 등으로도 기록했다. 이상과 같이 삼한과 삼조선의 명칭이 여러 가지로 기록된 것은 아마도 남방과 북방의 이두문吏讀文 용자用字가 서로 달랐기 때문이요, 또 중국의 한자漢字 음역音譯이 조선의 이두문 용자用字와 달랐기 때문이라 생각된다. 여기에서 이두문이라 한 것은 그 전신이었던 향찰鄕札까지 포함하여 편의상 모두 이두문 이라 표기하였다.

고조선의 관경管境은 방대厖大하였으리라 추측되지만, 전쟁 등으로 인하여 확대擴大와 축소縮小를 수 없이 반복하였을 것인데도 그것을 적시한 사료가 없다. 때문에 확언確言을 할 수는 없지만, 논지論旨의 이해를 돕기 위하여 대강이나마 추정推定해 보기로 했다.

삼한三韓의 고도故都는 일세一世 단군檀君의 이름으로써 왕도王都의 이름으로 삼은 것이니 삼경三京은 모두 왕검성王儉城이라 하였을 것이다.

『만주원류고』에 이르기를, "『한서漢書』 지리지地理志의 요동군遼東郡 번한현番汗縣, 즉 지금의 개평蓋平 등지가 변한卞韓의 고도故都"라고 하였다. 여기의 요동군은 옛 요하遼河25)인 지금의 난하灤河 하류의 동안東岸으로 만리장성

---
25) 옛 요하遼河 : 지금의 요하는 남만주 대륙의 남쪽을 흐르는

동쪽 끝 부근이다. 또 『삼국사기』와 『삼국유사』에는 각각 『신·구당서新·舊唐書』를 인용하여 "변한의 묘예는 낙랑의 땅에 있다."26)고 하였다. 『신당서』와 『구당서』의 그 말은 전삼한前三韓 중 변한卞韓의 유지遺址가 낙랑 등지임을 시사한 말이라 하겠다. 여기에서 말하는 낙랑은 만리장성이 난하를 횡단하는 그 동쪽 요동군 인근에 있다. 변한의 관할영역管轄領域은 요동반도의 개원開原 이남과 흥경興京 서쪽으로 해서 지금의 요서遼西를 넘어 서쪽으로 한토漢土에 이르렀을 것으로 추정推定된다.

마한은 『삼국유사』와 『동사강목東史綱目』27)에서 "고구려高句麗 땅에 마읍산馬邑山이 있기 때문에 마한馬韓이라 이름했다."고 하였다. 물론 그 반대로 마한지역에 있는 산이기 때문에 마읍산이 되었을 것이지만, 『삼국유사』 「태종춘추공太宗春秋公」 조와 『삼국사기』 「문무왕文武王 조

강인데, 이것이 요하로 불리게 된 것은 1345년 요遼나라 성종 聖宗 4년의 일이다. 옛 요하는 지금의 난하灤河를 가리킨다. 요하란 먼 강, 즉 국경선의 강이란 말이다. 난하는 패수浿水라고도 했다.
26) 『삼국사기』 34권 잡지 제3 지리地理 1 : 若新舊唐書皆云 卞韓苗裔在樂浪之地. 『삼국유사』 「변한 백제」 조: 新舊唐書云 卞韓苗裔 在樂浪之地
27) 『동사강목東史綱目』 : 조선 영조 때 안정복安鼎福이 지은 우리나라 역사책. 기자箕子 때로부터 고려에 이르기까지의 역사를 교재용으로 저술한 것임. 20권 20책.

및 보장왕寶藏王 조에 "마읍산은 평양平壤 부근에 있다." 고 했으니 그 고도故都는 아마도 평양平壤일 것이고, 압록강鴨綠江 이남이 그 관할 영역이었을 것이다.

진한辰韓의 고도故都는 곧 고조선古朝鮮의 고도故都를 이르는 말이다. 『삼국유사』「고조선」조에 "『위서魏書』28)에 이르기를, 지금으로부터 이천 년 전에 단군왕검壇君王儉이 있어 아사달阿斯達에 도읍을 정하고 나라를 세워 국호를 조선朝鮮이라 했다."29)라고 하고, 또 "『고기古記』에 이르기를……이름을 단군왕검壇君王儉30)이라 했다.…… 평양성平壤城에 도읍을 정하고 비로소 조선朝鮮이라 했다. 또 도읍을 백악산白岳山 아사달阿斯達에 옮겼다. 또 그 이름을 궁홀산弓忽山, 또는 方忽山이라고도 하고, 금미달今彌達이라고도 한다."31)라고 하였다. 이를 살펴보면, 단군왕검의

---

28) 『위서魏書』: 중국 24사史의 하나. 북조北朝 위魏의 정사正史. 북제北齊 위수魏收가 지음. 114권
29) 魏書云 乃往二千載 有壇君王儉 立都阿斯達 開國號朝鮮
30) 단군왕검壇君王儉 : 『동사강목東史綱目』에 이르기를 "『삼국유사』에는 신단수神壇樹 아래 내려왔기 때문에 호號를 단군壇君이라 했으나, 『고려사』 지리지에는 단목하檀木下에 내려왔다 하여 호를 단군檀君이라 하였다고 했는데, 『동국통감東國通鑑』에서 『고려사』를 따라 단군檀君이라 하였으므로 이제 이를 따른다."고 하였다. 본고에서도 이번 인용의 경우 외에는 단군檀君으로 쓰기로 한다.
31) 古記云…號曰壇君王儉…都平壤城 始稱朝鮮 又移都於白岳山阿斯達 又名弓(一作方)忽山 又今彌達

첫 도읍지를 『위서』에는 아사달이라 했고, 『고기』에서는 평양성이라 했다. 그 아사달이 평양성과 다른 곳인지, 아니면 평양성의 아사달인지를 분명히 하지 않았고, 또 『위서』에 아사달의 원주原註에서 "'경經'에 이르기를 무엽산無葉山이라 했다. 또 이르기를 백악白岳이라고도 하는데 백주白州 땅에 있다고 하고, 또 이르기를 개성開城 동쪽에 있는데 지금의 백악궁白岳宮이 그것이다."라고 하여 『위서』의 첫 도읍인 아사달과 『고기』의 두 번째 도읍인 백악산 아사달을 동일시한 듯한 감이 없지 않다. 이처럼 고조선의 첫 도읍지에 대한 기록이 명쾌하지 못한 것은 당시 그 문제에 대한 견해가 통일되어 있지 않았기 때문이라 생각된다.

또 『고기』에 환웅천왕桓雄天王이 하강下降하였다는 태백산太白山이 지금의 묘향산妙香山이라 주註를 하였는데, 어디에 근거를 둔 주장인지 알 수 없다. 『삼국사기』「최치원전崔致遠傳 태사장太師狀」에 "고구려 유민들이 무리를 모아 북쪽 태백산太白山 아래에 의지하여 국호國號를 발해渤海라 했다."라고 하였는데, 환웅천왕이 하강했다는 태백산太白山이 여기의 태백산太白山과 같은 산이라 할 것이다. 여기의 태백산은 바로 백두산白頭山이다.

백두산 이름에 대하여 『성경통지盛京通志』32)에는 장백산長白山 또는 만주 고어로 아이민상견아린阿爾民商堅阿隣이라 했고, 『산해경山海經』에는 불함산不咸山이라 했고, 『당서唐書』에는 태백산太白山 또는 도태산徒太山 또는 백산白山이라 했다. 고조선이 두 번째 천도遷都했다는 백악산白岳山 아사달阿斯達의 백악산白岳山은 여기의 백산白山에 산山 자 의미의 글자를 첩서疊書한 것이라 할 것이다.

종래에는 대체로 평양平壤을 고조선의 첫 도읍지로 보았고, 아사달은 평양의 별칭別稱 정도로 보는 듯한 경향이 있었다. 그리고 고조선의 옛 도읍이던 평양 왕검성에 기자조선箕子朝鮮이 있었고, 또 위만衛滿이 이를 탈취하여 역시 평양에 도읍했다는 견해가 통설시通說視되어 있었다. 그런데 근래에 오면서 위만이 도읍했다는 왕검성이 중국 만리장성 동쪽 끝 부근인 난하灤河 동안東岸의 낙랑군樂浪郡에 있었다는 주장이 대두擡頭되면서부터 고조선의 평양 도읍설平壤都邑說은 설득력을 잃어가게 되었다.

여기에서는 아사달阿斯達에 대한 검토부터 해 보기로 한다. 첫 번째 도읍이 아사달阿斯達인데, 두 번째 도읍이

---

32) 『성경통지盛京通志』: 만주 성경성盛京省의 지지地志. 1758년(청 건융23년, 조선 영조34년)에 동병충董秉忠 등이 감수.

또 백악산白岳山 아사달阿斯達이니 아사달은 여러 곳에 있었던 것으로 보이므로 특정 지명地名으로 볼 수 없을 듯하다.

일설에는 아사달阿斯達의 '아사阿斯'는 '새', '처음'의 뜻이 있는 고대어古代語이니 이는 곧 '새터', '새땅', '처음 땅', '아시터' 등의 뜻이 담긴 지명地名이라는 주장이 있고, 또 아사달阿斯達은 '태양의 땅', '아침 해朝陽의 땅', '아침 햇빛朝光의 땅'을 뜻하므로 조선朝鮮 본래의 의미를 가진 지명이라는 주장 등이 있다. 그리고 또 아사달阿斯達은 하르빈哈爾濱의 옛 이름인 비서갑非西岬과 같이 역시 하르빈의 옛 이름이라는 주장도 있다.

그러나 우견愚見으로는 아사달을 지명地名으로 생각지 않는다. 결론부터 말하면, 아사달阿斯達은 『삼국지三國志』「삼한전」의 마한馬韓 54국國 가운데 하나인 '신소도국臣蘇塗国'과 같이 삼신三神에 제사祭祀 지내는 대제천단大祭天壇이라고 생각한다.

조선 옛말에 '길다', '크다'의 뜻인 '장長'을 '아리(이)'라 했는데, 그 음音을 취하여 이두문吏讀文으로써 '아리阿里(利)', '아이阿爾', '오리鴨綠' 등으로 썼다. 장백산長白山의 옛 이름 '아이민상견阿爾民商堅'의 '아이阿爾'가 그 실례요,

송화강松花江, 압록강鴨綠江 등 긴 강의 옛 이름이 '아리가람', '아리수阿利水', '아리나례阿利那禮' 등으로 불렸던 것이 그 실례다. 이상에서 보는 바와 같이 아사달阿斯達의 '아阿'는 '아리阿里'에서 '리里'를 생략한 것으로 '신소도臣蘇塗'의 '신臣'과 같은 최고, 최상의 의미라 할 것이고, '사달斯達'은 마한馬韓의 '소도蘇塗'와 흉노匈奴의 '휴도休屠'처럼 중국 사서史書에 나온 말이니 이는 모두 중국인이 한자漢字로 음역音譯한 것이라 하겠다. 그것을 중국 발음으로 비교하여 보면, 소도蘇塗는 '쑤두', 사달斯達은 '쓰따', 휴도休屠는 '씌투'이니 단재丹齋 신채호申采浩의 주장과 같이 모두 '수두'라 할 것이므로, 아사달阿斯達은 아이사달阿爾斯達에서 이爾를 생략한 것으로 신소도臣蘇塗와 같이 대제천단大祭天壇을 의미한다 할 것이다.

  참고로 선유先儒들의 주장 일단一端을 여기에 옮겨보기로 한다. 원동중元董仲33)의 『삼성기三聖記』에 이르기를, "인류의 조상은 나반那般이라고 한다. 처음 아만阿曼과 서로 만난 곳을 아이사타阿耳斯它라 하는데, 꿈에 천신天神의

---

33) 원동중元董仲 : 원동중의 행적은 확실치 않으나 그의 저서 『삼성기』는 환국시대桓國時代, 신시개천神市開天시대 등 단군檀君 이전의 역사시대가 있었다고 주장하는 고서로 『환단고기桓檀古記』에 수록되어 있다.

가르침을 받아 스스로 혼례婚禮를 했으니, 구환九桓의 겨레가 모두 그 후손이다."34)라고 하였다. 이는 나반(할나반)과 아만(할아만), 즉 환웅桓雄과 웅녀熊女(검단의 여자)가 신단수神壇樹 아래에서 혼인한 신화神話의 번안飜案인데, 여기의 '아이사타阿耳斯它'의 '사타斯它'를 중국 발음으로 보면 '쓰타'가 되니 역시 '수두'라 할 것이므로, 아이사타阿耳斯它는 아이사달阿耳斯達, 즉 아사달阿斯達이라 하겠다.

또 이맥李陌35)의 『삼한관경본기三韓管境本記』에 이르기를 "아사달에 도읍을 정하고 나라를 세워 조선朝鮮이라 하니 이를 일세一世 단군檀君이라 한다. 아사달阿斯達은 삼신三神에 제사祭祀 지내는 곳인데, 뒷사람들은 왕검성王儉城이라 했다."36)라고 하였으니 선유先儒들은 이미 아사달阿斯達을

---

34) 원동중의 『삼성기』 : 人類之祖曰那般 初與阿曼相遇之處曰阿耳斯它 夢得天神之敎 而自成婚禮 則九桓之族皆其後也
35) 이맥李陌 : (1455~1528) 자는 정부井夫. 호는 일십당一十堂. 고려 수문하시중 행촌杏村 이암李嵒의 현손. 좌의정 이원李原의 손자. 연산군 때 문과에 급제하여 사헌부 장령이 되어 장숙용張叔容의 비리를 수차례에 걸쳐 탄핵하다가 연산군의 미움을 받아 유배되었다가 중종 때 다시 성균관 찬수관에 제수되어 내각에 비장된 많은 서적을 접할 수 있었다. 저서로 『태백일사太白逸史』를 남겼으나 감히 세상에 내놓지 못하고 감춰두었다고 한다. 거기에는 삼신오제본기, 환국본기, 신시본기, 삼한관경본기, 소도경전본훈, 고구려국본기, 대진국본기, 고려국본기 등을 합본하였는데 『환단고기』에 합본되어 있다.
36) 『삼한관경본기三韓管境本記』 : 立都阿斯達 開國號朝鮮 是爲一世檀君 阿斯達三神所祭之地 後人稱王儉城

신소도臣蘇塗와 같은 대제천단大祭天壇으로 보았음을 알 수 있다.

그러면 아사달의 위치, 즉 단군조선의 첫 도읍지가 어디인지 살펴보기로 하자.

『삼국유사』「고조선古朝鮮」조에 『위서』에서 인용한 내용을 보면, "아사달阿斯達은 전술前述과 같이 대제천단大祭天壇의 칭호일 뿐 특정의 지명地名이 아니고, 『고기』에서 인용한 평양성平壤城은 고려시대高麗時代의 서경西京인 평양성이 아니"라는 주장이 제기되고 있다. 위당爲堂 정인보鄭寅普는 저서 『조선사연구朝鮮史研究』에서 "단군의 개기開基는 백두산白頭山이니, 『고기』에서 이미 환웅桓雄이 태백산太伯山에 하강下降하였다고 인용하고, 다시 주註하여 그 산을 묘향산妙香山이라 하고, 평양平壤에 도읍都邑하였다."라고 한 다음, 다시 주註하여 "그 평양을 서경西京이라고 하였는데, 이것이 일연一然의 친주親註인지는 모르되 사실이 아니다."라고 하고, 또 "요수연안遼水沿岸에 있는 평양도 단군의 첫 도읍이 아닌데, 하물며 평안도 평양을 가리켜 백산白山 흑수黑水의 원양原壤과 혼동混同할 것이랴!"라고 하여 고조선의 첫 도읍이 평안도의 평양이 아님을 강력히 주장하였다.

고조선古朝鮮의 첫 도읍인 아사달阿斯達 또는 평양성平壤城이 어느 곳인지 확증確證이 될 만한 사료史料나 유적遺跡이 없는 막연한 상황에서 단재 신채호는 『조선상고사』와 『한국사연구초』에서 주장하기를 "북부여北扶餘의 옛 이름이 조리비서助利非西요, 그 도읍 하르빈哈爾濱의 옛 이름이 비서갑非西岬 또는 부소갑扶蘇岬이다. 비서갑非西岬의 비서非西와 아사달阿斯達의 아사阿斯가 음이 상근相近하니[37] 아사달이 곧 비서갑이라 그 유지遺址는 하르빈哈爾濱의 완달산完達山이다."라고 단언斷言하였다.

생각해보면 변한卞韓의 고도古都가 난하灤河 동안東岸에 있었고, 마한馬韓의 고도古都가 대동강변大同江邊에 있었다면, 진한辰韓, 즉 조선朝鮮의 고도古都는 아마도 만주滿洲 중심지역에 있었을 것이라는 짐작이 가능하고, 또 고조선의 정적正嫡이라 할 수 있는 북부여北扶餘가 고조선의 고도에서 굴기崛起하였다고 보는 것이 합당한 견해라고 생각될 뿐만 아니라 소동파蘇東坡의 『지장도指掌圖』에 "진한辰韓의 북쪽에 남·북흑수가 있다."고 한 말과도 일치한

---

[37] 비서非西와 아사阿斯가 음이 상근上近하니: 비서非西의 비非자를 이두吏讀 독법讀法으로 그 훈訓 아닐비의 초성初聲「아」로 읽으면 「비서」가 「아서」로 되니 「아사」와 음이 서로 가깝다는 말이다.

다. 따라서 우견愚見으로는 하르빈 도읍설을 주장한 단재丹齋의 견해에 동의하는 바이다. 다만 아사달을 하르빈의 옛 이름이라고 한 부분은 동의할 수 없다.

아사달이 곧 비서갑이요 그것이 하르빈의 옛 이름이라면, 두 번째 도읍지 '백악산 아사달'도 역시 '백악산 하르빈'이 될 것이니 두 번째 천도遷都는 하르빈에서 하르빈으로 한 것이 되고, 또 '백악산의 하르빈'이면 이는 마치 '삼각산의 서울'과 같은 말이라 어법상語法上 무리無理가 없지 않으므로 아사달을 하르빈의 고명古名으로 보는 것은 억단臆斷이라 할 것이다.

여기에서 또 선유先儒들의 견해見鮮 일단一端을 살펴보기로 한다. 『고려사高麗史』 김위제전金謂磾傳에 인용된 『신지비사神誌祕詞』38)를 보면, "삼경三京은 저울대 · 저울추 · 저울접시와 같으니, 저울대는 부소량扶疎樑이다."39)라고 하였고, 이맥李陌의 『소도경전본훈蘇塗經典本訓』에는 "저울대를 부소량扶蘇樑이라 한 것은 진한辰韓의 옛 도읍을 말하는 것이다. 곧 단군조선이 도읍한 아사달이 그곳이니

---

38) 『신지비사神誌祕詞』: 단군 조선 때 기록을 맡아 보았다는 사람을 신지선인神誌仙人이라 했는데, 그의 저술을 『신비지사』라 한다.
39) 『신지비사神誌祕詞』 如秤錘極器 秤幹扶疎樑(下略)

지금의 송화강 하르빈이다."40)라고 하였다. 여기에 나오는 부소량扶疎樑 · 부소량扶蘇樑 · 부소갑扶蘇岬 · 비서갑非西岬은 모두 하르빈哈爾濱의 옛 이름인데 글자가 같지 않은 것은 언급한 바와 같이 이두문吏讀文으로 기록함에 그 표기상表記上 용자用字 선택選擇의 차이에서 온 결과라 하겠다.

진한辰韓은 곧 조선朝鮮의 태왕太王이니 그 관경管境이라 하면, 광의廣義로는 삼한三韓 전체의 관경管境을 의미하는 말이지만 여기에서는 협의狹義로, 변한과 마한의 분치分治지역을 빼고 진한이 직접 다스리던 영역領域 만을 의미한다. 그 관경管境을 대략 추정하여 보면 지금의 봉천성奉天省 서북과 동북지역, 길림성吉林省 · 흑룡강성黑龍江省 · 연해주沿海州의 남단南端을 포함한다고 하겠다.

이로써 삼한三韓의 도읍과 관할토경管轄土境을 대략 살펴보았다. 이후에도 고조선의 도읍은 백악산 아사달, 장당경藏唐京, 아사달 등으로 천도遷都했다고 하였지만 그것은 본 논지論旨를 감안하여 논외論外로 한다.

---

40) 『소도경전본훈蘇塗経典本訓』 : 秤幹扶蘇樑者 是謂辰韓古都 亦即檀君朝鮮所都阿斯達是也 亦即今松花江哈爾濱也

고조선은 오랜 세월 동안 삼신三神 오제五帝의 신설神說로 잘 다스려져서 그 위세를 사방에 떨쳤다. 당시 중국에서는 조선을 동호東胡라고도 했는데, 진秦나라에서는 '망진자호야亡秦者胡也'라는 참언讖言이 떠돌았다. 이는 "진나라를 망하게 할 자는 호胡다."라는 말이다. 진시황秦始皇이 그 참언을 듣고 "진나라는 동호東胡에게 망한다."라는 예언으로 알고 공포를 느껴 만리장성萬里長城을 축성築城했다는 말이 있을 정도였다고 한다. 결국 진나라를 망하게 한 자는 동호東胡, 즉 조선이 아니라 진시황의 둘째 아들 호해胡亥였다고 역사는 전한다.

그런데 고조선은 삼신설三神說의 파탄破綻41)으로 군웅群雄이 할거割據하게 됨으로써 통치력統治力이 약화弱化되어 열후列侯에게 내리는 정령政令이 제대로 시행되지 않아 나라가 크게 쇠약해지더니 마침내 진조선辰朝鮮은 북부여北扶餘에 병합倂合되었다. 뒤를 이어 연燕나라 장수 진개秦開의 침략에 패전敗戰하여 문·번한文蕃汗 이북 2천여 리의

---

41) 삼신설의 파탄 : 백성들은 삼신설三神說을 믿어서 진한辰韓은 천제天帝의 아들이므로 누구도 도전할 수 없는 우주 유일의 신으로 신앙하였는데, 세월이 지나면서 제왕帝王도 천제天帝의 자식이 아니라 사람의 자식이요, 누구도 지혜와 능력으로 제위帝位를 획득할 수 있다는 사실을 알게 됨으로써 삼신설의 파탄이 오게 되었다는 말이다.

영토를 침탈侵奪 당했다. 또 흉노匈奴 선우單于 묵돌冒頓의 침략에 패전하여 장성長城 밖의 내몽고 쪽 수천 리 영토를 침탈당했으며, 번조선番朝鮮 즉 옛 변한은 위만衛滿에게 전역全域을 탈취奪取 당했다. 막조선莫朝鮮 즉 옛 마한도 풍진風塵에 밀려 고도古都를 버리고 한강漢江 남쪽으로 남천南遷하여 다시 마한馬韓이라 부르게 되니 단군조선朝鮮은 역사 속으로 사라지고 강토疆土는 군웅의 할거割據가 이어지는 열국列國의 전쟁터로 변해버렸다.

전삼한前三韓의 진한辰韓과 변한卞韓·마한馬韓은 태왕太王과 두 부왕副王의 위호位號였는데, 삼조선三朝鮮시대의 진조선辰(眞)朝鮮·번조선番(發)朝鮮·막조선莫朝鮮은 분권통치分權統治의 영역領域을 구분 지칭하는 의미가 있었다고 하겠다.

고조선古朝鮮이 멸망한 후에 막조선은 최씨崔氏 낙랑국樂浪國에 고도古都를 잃고 남천南遷하여 마한馬韓으로 체제體制를 다시 정비하고, 남하南下하는 진한 유민과 변한 유민과 더불어 단군왕검의 삼신설에 따라 후삼한後三韓을 재설再設하고자 하였다. 그 과정에서 마한은 자연스럽게 진국辰國 즉 큰 나라 태왕太王의 위치에 서게 되었다. 남하南下한 유민遺民들은 각각 과거 자신들이 살던 지역의 통치자 위호位號인 진한辰韓·변한卞(弁)韓을 마치 자신들의 족칭族稱인 양 소중히 가지고 살면서 끈끈한 결속력으로 뭉쳐서 정치세력화政治勢力化의 길을 모색하였다.

『삼국유사』「변한 백제」조에 인용된 『후한서後漢書』에 이르기를 "변한은 남쪽에 있고, 마한은 서쪽에 있고, 진한은 동쪽에 있다."42)고 했는데, 이것이 후삼한後三韓이다.

이상에서 고조선古朝鮮과 전·후삼한前·後三韓의 대강大綱을 살펴보았다.

이 바탕 위에서 육촌사람들은 어디에서 왔는가를 검토하기로 한다.

---

42) 『후한서後漢書』: 卞韓在南 馬韓在西 辰韓在東

4. 사료史料의 검토

(1). 진한유민설辰韓遺民說의 검토檢討

　우리의 사서史書에는 '진한유민辰韓遺民'이란 말 외에 그들의 남하南下 기록은 찾을 길이 없으나, 전후의 상황이나 중국 사료에서 미루어 판단해 볼 수 있는 여지마저 없는 것은 아니다.

　『위략魏略』「삼한전三韓傳」에 이르기를 "진한辰韓은 유리流離하는 사람들이기 때문에 마한馬韓의 제재制裁를 받았다."43)라고 하여 진한辰韓 육촌六村이 원주민原住民에 의한 육촌이 아니라 유리민流離民 집단集團이었음을 시사示唆하였다. 또 『삼국사기』「잡지雜志 지리地理(1)」에 인용된 두우杜佑의 『통전通典』에 이르기를 "신라新羅 사람들의 선조先祖는 본래 진한辰韓의 종족種族으로 그 나라는 백제百濟와 고구려高句麗 두 나라의 동남쪽에 있고 동쪽 끝은 큰 바다다."44)라고 하여 신라인은 진한 유민의 후손임을 밝히고 있다.

　그런데 『삼국지三國志』「진한전辰韓傳」에 이르기를 "진

---

43) 『위략魏略』「삼한전」: 辰韓…爲流離之人 故爲馬韓所制
44) 『통전通典』云 新羅…其先本辰韓種 其國在百濟高句麗二國東南 東濱大海

한은 마한의 동쪽에 있다. 그 기로耆老가 대대로 전하여 스스로 말하기를 옛날에 유망流亡하는 사람들이 진역秦役을 피하여 한국韓國에 가니 마한馬韓이 그 동계東界의 땅을 베어 주었다."45)고 하고, 또 "성책城柵이 있고 그 언어가 마한과 같지 아니하여 국國을 방邦이라 하고, 궁弓을 호弧라 하고, 적賊을 구寇라 하고, 행주行酒를 행상行觴이라 하고, 서로 부르기를 모두 도徒라 하여 진秦나라의 말과 비슷함이 있었으니 비단 연燕나라와 제齊나라 사람뿐이라고 할 것만은 아니다."46)라고 하였다. 그리고 또 "낙랑인樂浪人을 이름하여 아잔阿殘이라 했다. 이는 동방인東方人이 '나'를 '아阿'라 했는데, 낙랑인은 본래 자기들이 떠나고 남은 사람들임을 이르는 말이다."47)라고 하였다. 이 사료史料의 앞부분은 '제1항 (3)진망인설'의 제기 근거 사료로 이미 제시提示한 것인데, 여기에서 그 전부를 다시 제시하는 것은 사료의 내용을 다른 측면에서 분석分析 검토檢討하기 위해서다.

---

45) 『삼국지三國志』「진한전辰韓傳」: 辰韓在馬韓之東 其耆老傳世自言 古之亡人避秦役 來適韓國 馬韓割其東界地與之
46) 『삼국지』「진한전」: 有城柵 其言語不與馬韓同 名國爲邦 弓爲弧 賊爲寇 行酒爲行觴 相呼皆爲徒 有似秦語 非但燕齊之名物也
47) 『삼국지』「진한전」: 名樂浪人爲阿殘 東方人名我爲阿 謂樂浪人本其殘餘人

역대 중국 사가史家들이 다른 나라에 대한 기록을 하면서 사실이 아닌 무록誣錄을 삽입하거나 개서改書, 또는 위증僞證하는 경우가 허다했다. 예를 들어보면 『위략魏略』에 '대진大秦(로마제국)의 진秦 자에 부회附會하여 대진인大秦人, 즉 로마사람을 중국인의 자손'이라 하기도 하고, 『사기史記』에선 '흉노족匈奴族을 하우씨夏禹氏의 자손'이라 하는 등 저들은 자존自尊의 벽견僻見으로 수많은 웃음거리를 만들었다.

고구려 동천왕東川王 때 위魏나라 장수 관구검毌丘儉에게 수도 환도성丸都城을 점령당했는데, 그때 궁중宮中의 사서史書 등 귀중한 기록들을 많이 약탈당했다. 위魏·진晉의 사관史官들이 이를 얻어 보지 못했다면 『삼국지』에 후삼한後三韓의 70여 열국列國의 이름을 어찌 알고 기록하였겠는가. 그런데 그들이 그것을 사책史冊에 등재하면서 진한辰韓의 '진辰자'의 음에 맞추어 진한 사람을 만리장성 노역을 피하여 동쪽으로 간 '진秦나라' 사람들이라고 주장하기 위해 '고지망인古之亡人' 다음에 '피진역避秦役' 세 글자를 끼워 넣고, 그 언어言語가 마한과 다르고 진나라 말과 흡사하다고 하면서 몇 가지 예시例示를 하기도 했다. 그렇다면 거서간居西干·이사금尼師今도 진나라 말과 같은 말일까? 여기서 말하는 '고지망인피진역古之亡人避秦役 래적한국來適韓國'은 '진한유민래적한국辰韓遺民來適韓國'으로 표기表記함이 타당할 것임에도 그렇게 왜곡한 것은 신라新羅의 뿌리가 중국임을 날조捏造하기 위함일 것이다.

'제1항(3) 진망인설秦亡人說' 제기의 근거로 제시한 사료 중 또 하나인 『후한서後漢書』의 내용은 『삼국지』의 그것을 초록抄錄하면서 '고지망인古之亡人'을 '진지망인秦之亡人'으로 개서改書하고 '진한辰韓을 진한秦韓이라고도 한다'고 하여 『삼국지』의 표현보다 더욱 노골화露骨化하였다.

전술한 '고조선과 전·후삼한의 대강'에서 언급한 바와 같이 진한은 본래 조선 태왕太王의 위호位號다. 조선이 멸망한 뒤에 태왕의 직할영역이었던 지금의 만주지역 백성들은 옛 진한, 즉 태왕의 통치하에 있었던 백성이란 뜻으로 자칭 진한인辰韓人, 진한유민辰韓遺民 등으로 족칭族稱처럼 부르던 역사歷史의 산물이다.

만약 후삼한의 진한辰韓 사람들이 실재로 진秦나라 유망인流亡人이었다면, 마한이 그들을 진한유민으로 인정하여 동쪽 땅을 베어주었을 리가 없었을 것이다. 또한 『삼국지』나 『후한서』를 찬술한 사람이 진망인秦亡人 조條를 별도로 설치하지 않고 진한辰韓 조에 피진역避秦役이란 말을 끼워 넣었을 리가 없다. 따라서 이는 중국인의 동화책략同化策略에 의한 곡필曲筆임을 의심할 여지가 없다.

또 그들은 낙랑인樂浪人을 아잔阿殘이라 했는데, 그것은 자기들이 떠나고 남은 사람들이라는 뜻이라고 하였으니 이는 고지망인古之亡人 또는 진지망인秦之亡人에 낙랑樂浪사람도 포함된다는 말이다. 여기에서 말하는 낙랑은 현 평안도에 있었다는 낙랑국樂浪國이 아니다.

우선 그 낙랑樂浪의 위치를 확인해 보자. 『한서漢書』지리지地理志 요동군遼東郡 험독險瀆의 주註에 "응소應劭가 말하기를 조선왕 위만의 도읍이다. 물이 험한 곳에 의지하였기 때문에 험독이라 했다."라고 했는데, 이에 대하여 "신찬臣瓚이 말하기를 왕검성(위만의 도읍)은 낙랑군樂浪郡 패수浿水의 동쪽에 있다. 이 요동군의 험독은 본래부터 험독일 뿐이다."라고 했다. 또 이에 대하여 "안사고顏師古가 말하기를 신찬의 말이 옳다."48)라고 하였다. 이를 요약하면 위만조선의 도읍은 요동군 험독이 아니고 낙랑군 패수의 동쪽에 있다는 말이다. 이로써 낙랑樂浪은 만리장

---

48) 요동군 험독 주 : ·應劭曰 朝鮮王 滿都也 依水險 故曰險瀆
　　·臣瓚曰 王儉城 在樂浪郡浿水之東 此自是 險瀆也
　　·顏師古曰 瓚說是也

성萬里長城이 횡단하는 난하灤河 즉 옛 패수의 동쪽에 있음을 알 수 있다. 이것이 뒷날 한사군의 낙랑이다. 그 지역은 당시의 요동지역遼東地域이고, 지금의 요서지역遼西地域이다.

또 『삼국사기』 제34권 지리(1)에 "『양한지兩漢志』를 살펴보면, 낙랑군은 낙양에서 동북쪽으로 5천 리를 상거相距한다."고 하고, "주註를 하여 유주幽州에 속하는데, 옛 조선국이다."49)라고 하여 그 위치를 더 명확히 하였다. 낙랑은 본래 전삼한前三韓 중 변한卞韓·番(發)朝鮮의 분치영역分治領域이었다. 서기전 206년에 진秦나라가 멸망할 때까지 건재健在하다가 서기전 194년경에 변한卞韓·發朝鮮은 위만의 침략으로 멸망하였고, 위만은 낙랑 땅에 도읍하여 역시 조선이라 했는데, 서기전 108년에 멸망함으로써 비로소 낙랑이 한漢나라 땅이 되었다. 낙랑지역은 진나라와 관계가 없는데도 이 지역 사람을 진지망인秦之亡人에 포함하여 말함은 옳지 않다.

『삼국사기』와 『삼국유사』에 "『신·구당서新·舊唐書』를 인용하여 변한卞韓의 묘예苗裔는 낙랑樂浪의 땅에 있다."50)

---

49) 『삼국사기』 제34권 지리(1) : 按兩漢志 樂浪郡距洛陽東北五千里 註曰 屬幽州 故朝鮮國也
50) 『삼국사기』 및 『삼국유사』 : 新舊唐書皆云 卞韓苗裔在樂浪之地

고 하여 전삼한前三韓의 하나인 변한卞韓의 유지遺址가 이 곳임을 시사示唆하였다. 만약 『삼국지』와 『후한서』의 주장과 같이 낙랑사람이 동래東來하였다면, 그들은 변한의 묘예苗裔이므로 필시 변한인卞韓人이라 했지 진한인辰韓人이라 하지는 않았을 것이다.

이상의 주장을 종합하여 보면 "신라 사람들의 선조는 본래 진한辰韓의 종족種族이다. 其先本辰韓種"라고 한 『통전通典』의 기사記事가 역사歷史 사실事實임에 틀림이 없다. 따라서 『삼국지』 진한전에 "진한辰韓은 마한馬韓의 동쪽에 있다. 옛날에 유망流亡하는 사람들이 한국에 가니 마한이 동계東界의 땅을 베어주었다. 辰韓在馬韓之東 古之亡人來適韓國 馬韓割其東界地與之"라고만 하지 않고 여기에 피진역避秦役이란 세 글자를 삽입揷入한 것은 진한 유민에 대한 사료史料를 왜곡歪曲하고자 하였음이 틀림없다 할 것이다.

(2). 진한출자설辰韓出自說의 검토檢討

진한출자설辰韓出自說의 근거는 『삼국유사三國遺事』 「신라시조新羅始祖 혁거세왕赫居世王」 조에 수록된 것으로 "진한의 땅에 옛날에 육촌이 있었다."라고 하고, 육촌六村의 명칭과 그 촌장村長들의 이름을 밝히고 각각 특정의 산에 내려왔다고 한 다음 "위의 글을 상고해보면 이 육부의 조상들은 모두 하늘에서 내려온 것 같다."51)라고 했다. 여섯 촌장의 천강설天降說에 관한 기사記事는 "위의 글을 상고해보면"이란 말이 있는 것으로 보아 '고기古記' 등에서 옮겨 쓴 것으로 생각된다.

위의 사료史料를 근거로 정중환丁仲煥 교수는 논문論文 『사로육촌斯盧六村과 육촌인六村人의 출자出自에 대하여』52) 에서 일연선사一然禪師가 진한출자설辰韓出自說을 주장한 것이라고 했다. 그 주장의 내용을 보면 "『삼국유사』에서 보는 바와 같이 다수多數한 고문헌古文獻과 『삼국사기三國史記』를 인용引用하여 술이부작述而不作의 태도를 취하면서도 육촌인六村人의 출자出自에 관해서 단연斷然 『삼국사기』의 고조선유민설古朝鮮遺民說을 버리고 고전古傳을 존중하여 육촌인六村人의 진한출자설辰韓出自說을 내세우게 된 것이다. 여기에서 김부식金富軾과 일연선사一然禪師의 사상적思想的 차이점을 발견할 수 있는 것이다. 김부식이 유자儒

---

51) 『삼국유사』「신라시조 혁거세왕」조 : 辰韓之地 古有六村…… 按上文 此六部之祖 似皆從天而降
52) 정중환 교수 논문 『사로육촌斯盧六村과 육촌인六村人의 출자出自에 대하여』: 歷史學報 第 17·18號 合輯(1962年 6月)에 등재

者로서 정통명분론正統名分論을 주장하였다면, 일연선사는 불자佛者로서 독립자주론獨立自主論을 주장한 것이라 하겠다."라고 하였다.

진한출자설은 곧 "육촌사람들은 진한 자체에서 나왔다."는 주장이다. 진한이 경주지역의 원주민原住民 또는 선주민先住民에 의한 자생집단自生集團임을 전제前提로 한다면 정중환 교수의 견해와 같이 진한출자설이 성립할 수 있을 것이지만, 일연선사가 『삼국유사』「진한」조에 이미 『후한서後漢書』를 인용하여 "진秦나라 유망인流亡人이 한국韓國에 가니 마한馬韓이 동계東界의 땅을 베어주었다. 서로 부르기를 도徒라고 하니 진나라 말과 흡사함이 있었다. 때문에 혹은 이름하여 진한秦韓이라고도 한다."고 하고, 그 중국 사료에 대한 한마디의 비판批判도 하지 않았다. 아마도 진한인辰韓人을 진나라 유망인流亡人의 집단으로 인정한 것이라고 할 것이므로, 정중환 교수가 이 점을 간과看過한 채 진한지지辰韓之地에 고유육촌古有六村이란 기록만 믿고 진한출자설辰韓出自說을 거론擧論한 것으로 보인다. 따라서 진한출자설은 결국 진망인설秦亡人說에 귀착歸着하게 될 것이므로, 일연선사의 독립자주론에 의한 주장이라는 견해에는 찬성하기 어렵다.

우견愚見으로는, 일연선사가 신라시조 혁거세왕 조의 기사를 쓸 때 이미 진한辰韓을 진秦나라 유망인流亡人의 집단인 진한秦韓으로 인식認識하고 있었기 때문에 신라 건국세력인 육촌 사람들을 말함에 『삼국사기』의 조선유민설朝鮮遺民說을 뒤집고 진나라 유망인이라 바로 말하는 것이 주저가 되어 '진한의 땅에辰韓之地 당시 진한秦韓육촌이 있었다時有秦韓六村'라고 하지 못하고 '진한의 땅에辰韓之地 옛날에 육촌이 있었다古有六村'라고 하여, 옛날 서벌徐伐 일대에 진秦나라 유망인流亡人이 유입流入되어 집단 거주지를 이루기 전부터 이미 육촌이 있었던 것처럼 표현함으로써 『삼국사기』의 조선유민설朝鮮遺民說과 명분론에서 충돌을 피하고자 하였지만, 결과적으로 진망인설秦亡人說과 원주민설原住民說의 충돌을 피하지 못하게 되었다고 생각된다.

그리고 일연선사가 『삼국유사』 「신라시조 혁거세왕」조에서 "여섯 촌장이 처음에 각각 특정의 산에 내려왔다."고 한 것은 전술한 바와 같이 본인의 주장이 아니고 고전古典의 것을 옮긴 것이다. 내려왔다는 것은 높은 데서 낮은 데로 자리를 옮겼다는 말이니, 산山에 내려왔다고 하면 산보다 높은 곳, 즉 하늘에서 내려왔다고 볼 수밖에 없기 때문에 천강설天降說이 성립된 것이다. 당시 사회에서는 국가에서 읍락邑落에 이르기까지 각각 산이나 깨끗한 곳에 소도蘇塗53)를 설치하고 제천의식祭天儀式을 치렀는데, 그 제사 주관자는 천군天君이라 했다. 여섯 촌장은 각각 자기 촌의 천군을 겸하여 소도가 설치된 산에 머물렀을 것이니 촌민들은 그 촌장을 신성시神聖視하여 경외심敬畏心을 가지고 하늘로부터 소도가 설치된 산에 내려왔다고 생각하였을 개연성蓋然性이 없지 않았을 듯하다.

그런데 여섯 촌장의 천강설화天降說話를 육촌六村 사람들의 소자출所自出과 관련하여 외지外地로부터 유입流入되었을 가능성을 차단하는 의미로 받아드릴 수도 있겠으나 하늘도 지상地上에서 보면 역시 외부外部인 것은 분명하니 졸자拙者는 그 천강설에 특별한 의미를 두지 않으려 한다.

(3). 진망인설秦亡人說의 검토檢討

진망인설秦亡人說의 근거 사료史料는 진수陳壽의 『삼국지

---

53) 소도蘇塗 : 고대 천신天神에 제사 지내던 곳. 제사장은 천군天君이라 했음.

三國志』「진한전辰韓傳」과 범엽范曄의 『후한서後漢書』「동이전東夷傳」 등인데, 그 내용은 앞의 「1. 육촌사람들의 소자출에 대한 주장들」과 「(1). 진한유민설의 검토」에서 이미 제시提示하였다. 특히 '진한유민설의 검토'에서는 진망인설秦亡人說의 근거 사료까지 동시에 검토하여 사실事實이 아님을 이미 논파論破하였고, 또 역대 중국 사가史家들이 다른 나라에 대한 기록을 사실이 아닌 무록誣錄을 삽입하거나 개서改書 또는 위증僞證하여 그들의 병적인 동화사상同化思想을 펼치려는 위작僞作임을 언급言及하였으니 중언重言을 하지 않기로 한다.

 그런데 『삼국사기』「신라시조 혁거세거서간 38년」 조에 호공瓠公을 마한에 사신으로 보내 수교修交하는 과정에 마한왕이 혁노赫怒했다는 기사記事 끝에 "이보다 먼저 중국사람들이 진秦나라 난리의 고통을 피하여 동쪽으로 온 사람들이 많았는데, 그들이 마한 동쪽 여러 곳에서 진한과 더불어 섞여 살면서 점점 강성하여지므로 마한이 이를 꺼려 책망한 것이다."54)라고 하여 실제 많은 진지망인秦之亡人이 있었던 것처럼, 수교修交 과정의 기사記事에

---

54) 『삼국사기』「혁거세거서간 38년」 조 : 前此中國之人 苦秦亂 東來者衆 多處馬韓東 與辰韓雜居 至是寖盛 故馬韓忌之有責焉

는 언급되지도 않은 내용으로써 마한왕이 혁노한 이유라고 부언附言하였다.

마한왕이, 동쪽으로 온 중국사람들이 진한사람들과 섞여 살면서 점점 감성해짐을 꺼려 혁노赫怒할 정도였다면 이들의 세력을 가볍게 보지 못했을 것이다. 그런데도 그들에 대한 정치력을 발휘했다는 기사는 역사에 보이지 않고, 역사에서 그들이 소멸된 사유를 언급함도 없는데, 말 없어 소멸되어 버린 것으로 보아 아마도 『삼국사기』를 편찬할 당시의 사관史官들이 『삼국지』진한전과 『후한서』동이전의 기사를 보고 묵살默殺하지 못하여 그것의 진위眞僞는 따져보지 않은 채 각색脚色하여 끼워 넣은 듯하다. 한마디로 말하면 진망인설秦亡人說은 허구虛構라 생각된다.

(4). 연피난인설燕避難人說의 검토檢討

『삼국유사』「진한辰韓」조에 신라 말엽의 석학 최치원崔致遠의 주장을 인용하여 "최치원이 이르기를, 진한은 본래 연나라 사람으로서 피난避難 온 사람들이다. 때문에 탁수涿水의 이름을 따서 그들이 사는 읍리邑里를 사탁沙涿·점탁漸涿이라 불렀다."55)라고 한 데서 연피난인설이 제기되었다.

　연燕나라는 본래 고조선 변한卞韓의 분치영역分治領域이었으나 일찍이 분립分立하여 전국칠웅戰國七雄 중 하나가 되었다가 진秦나라에 병합倂合 되었다. 그런데 그 지역은 본래 동이족東夷族의 터전이었으므로 피난避難을 하고자 동쪽 동이족 거주지역으로 옮겨간 사람들이 있었는지는 알 수 없으나, 그들이 동쪽으로 옮겨갔다 하더라도 만주지역滿洲地域으로 갔는지, 경주지역慶州地域까지 갔는지 알 수 없고, 또 그들은 진한辰韓의 직할영역直轄領域 사람들이 아니기 때문에 진한인辰韓人이라고 할 수는 없다.

　그리고 그들의 동래東來 시기가 연나라가 망하기 전이라고 가정하면 연피난인燕避難人이라 할 수는 있지만, 어떤 어려움을 피하여 집단이주하게 되었는지 그 동기를 이해하기 어렵다. 또한 연나라가 멸망한 뒤의 일이라고 가정한다면, 그것은 진망인설秦亡人說과 같은 주장이 될 것이므로 이미 진한유민설辰韓遺民說과 진망인설秦亡人說의 검토檢討에서 논파論破한 바 있으니 중언重言을 피하기로 한다.

---

55) 『삼국유사』 진한 조 : 崔致遠云 辰韓本燕人避之者 故取涿水
　　之名 稱所居之邑里 云沙涿漸涿等

또 진한 사람들이 연나라에서 왔기 때문에 연나라에 있는 탁수涿水의 이름을 취해 자기들이 살고 있는 읍리邑里의 이름을 사탁沙涿·점탁漸涿 등으로 불렀다고 했지만 그것은 사실이 아닌 듯하다. 만약 그렇다면 '탁涿'자를 쓰지 않은 본피부本彼部·한기부漢岐部·습비부習比部의 사람들은 어디에서 왔다고 할 것인가? 원주原注에 "탁涿자의 독음讀音은 도道라고 하고, 탁涿을 양梁으로도 쓰는데, 그 독음讀音도 역시 도道라 읽는다."고 하였다. 사도沙涿·점도漸涿 등의 도涿가 탁수涿水의 이름을 취한 것이라면 그 독음讀音은 당연히 탁涿으로 발음해야 할 것인데도 도道로 읽는다고 한 것을 보면, 여기의 탁涿자나 양梁자는 진한인의 소자출과 관련된 특별한 의미를 가진 글자가 아니고 당시의 향찰鄕札, 즉 이두吏讀로 이를 표기表記하는 과정에서 용자用字로 선택된 글자일 뿐이라는 생각이 든다.

5. 종합적인 견해

앞에서 육촌六村 사람들은 어디에서 왔는가에 대한 여러 주장들을 검토檢討하였다. 진한출자설辰韓出自說과 연피난인설燕避難人說은 검토에서 본 바와 같이 결국 진망인설秦亡人說과 맥락脈絡을 같이 하는 주장이다. 진망인설秦亡人說은, 전술前述에서 그 주장 자체의 검토와 진한유민설의 검토에서 이미 논파論破한 바와 같이 중국中國 역대歷代 사가史家들의 사필史筆에 의한 동화술책同化術策의 산물産物이라 보임으로 믿을 바가 아니라고 생각된다. 그렇게 보면 진한유민설辰韓遺民說만 남게 된다.

학계學界에서는 후삼한後三韓 시대의 사회상社會相을 고대국가古代國家 성립기成立期에 이르지 못한 미개사회未開社會로 보는 경향傾向이 있었고, 국민들 또한 그렇게 이해하는 것이 일반적인 현상이었다고 하겠다. 그것은 지금까지 후삼한 시대의 사료가 국내 사서史書에는 전하는 것이 없고 다만 현존現存하는 중국 사서史書에 나타난 단편적斷片的인 몇 줄의 기록이 전부였기 때문에 달리 그 시대의 문화수준文化水準이나 사회상社會相을 알 수 없어서 빚어진 일이라 하겠다.

그런데 후삼한 시대가 지금까지 알려진 바와 같이 고대국가古代國家가 형성形成되지 못할 정도의 미개사회가 아니었음을 알려주는 고고학적考古學的 발굴發掘이 있었다. 1988년 경남 의창군義昌郡(현 창원시) 동면東面 다호리茶戶里에서 기원전紀元前 1세기경(약 2100년 전)에 조성造成된 목관묘木棺墓 1호 분墳을 발굴했는데, 철기鐵器, 청동기靑銅器, 칠기漆器로 된 각종 생활용구, 농기구農器具, 무기류武器類, 붓筆, 오수전五銖錢, 성운문동경星雲文銅鏡 등 26종 69점의 유물遺物이 거의 완전한 상태로 출토出土된 것이다.(박물관신문 1988년 5월1일자. 1988년 4월9일자 조선일보 등)

출토된 유물을 개괄적으로 살펴보면, 철제 농기구는 기존에 발굴되었던 것들과 달리 나무자루까지 달린 도끼와 따비 등으로 지금까지 소규모 부족국가로 알려진 후삼한 사회의 농업 생산이 상당한 수준에 도달하였음을 짐작하게 한다.

또 다량의 철제 농기구 등을 만드는 전문 제조자가 존재했을 정도로 사회적 분화分化가 이루어졌으며, 칼, 창 등 무기류, 따비, 괭이 같은 농기구, 도끼, 자귀 같은 공구류 등이 있어 주조鑄造 및 단조鍛造56) 철기문화까지 존

---

56) 주조鑄造 및 단조鍛造 : 주조는 녹인 쇠붙이를 거푸집에 부어 필요한 물건을 만드는 공법이고, 단조는 쇠붙이를 불에 달구어

재했음이 밝혀지는 등 강력한 정치 조직체가 형성되었을 가능성을 시사하고 있다.

칠기漆器로는 뚜껑이 달린 통형筒形 칠기를 비롯하여 방형方形, 원형圓形, 굽다리잔高杯, 목칠제木漆製 칼집, 부채 등 다량의 칠기류가 출토된 것으로 미루어 보아 이 지역에서 자체 생산하여 일상 생활용구로 사용되었음을 말해 주고 있다. 제작기법이나 그릇 모양이 한대漢代의 칠기와는 다른, 이 지방 특유의 독창적인 면이 드러나 있어 우리나라 칠기문화의 새로운 단면斷面을 보여 주고 있다.

붓은 다섯 자루가 출토되었다. 붓대롱에 옻칠을 하고 안료顔料까지 사용했는데, 그 중간 부분에 구멍을 뚫어 끈을 꿰어 허리춤에 휴대할 수 있도록 만든 수준 높은 유물이었다. 이는 후삼한 당시 상류사회에서는 문자 사용이 생활화되었음을 웅변하는 물증이라 할 것이다.

오수전五銖錢은 3점이 출토되었다. 이는 기원전 1세기경 중국 전한前漢 시대에 유통되던 화폐이고, 성운문동경 星雲文銅鏡 또한 중국 전한시대의 대표적인 거울인데, 이는 이 고분의 조성연대가 기원전 1세기임을 분명히 해 주는 한편 한나라와 교역이 이루어졌음을 증명해 준다.

두드려서 필요한 물건을 만드는 방법임.

이 외의 유물로 청동종방울, 청동창, 동물모양 띠고리, 유리구슬, 밤, 노끈 등은 기원전 1세기경 후삼한의 생활상 및 문화수준을 보여 주는 것들이다.

이 발굴에 의한 출토 유물로써 기원전 1세기 당시 이 지역에 철기문화와 청동기문화가 공존하였고, 상류층에서는 문자文字를 생활화生活化하였을 뿐만 아니라 경제적으로는 중국 등과 교역했음을 짐작할 수 있게 되었다.

이 지역은 후삼한 중 변한지역卞韓地域이지만 진한辰韓과는 인접한 지역이다. 따라서 진한도 변한지역과 큰 차이가 없는 문화수준과 사회상을 가지고 있었으리라는 추정推定이 가능하다. 그러므로 서라벌 건국 당시의 진한 사회를 미개사회로 단정하는 것은 옳지 않다.

고대국가古代國家의 성립시기成立時期를 기원후 3세기경으로 보고 있는 현재의 일부 견해에 감히 재고再考를 부탁드린다.

이상을 미루어 볼 때 우리의 상고사上古史를 우리 손으로 기록한 것이 필시 많이 있었을 것인데도 상고사에 대한 우리의 기록은 남아 있는 것이 없고, 단지 중국 사서에 등재된 몇 줄의 기록을 우리의 사료로 삼을 수밖에 없게 된 안타까운 경위를 여기에서 일별一瞥하여 보기로 한다.

육부전 신라 건국의 주역인 6촌장의 위패를 모신 곳
경주시 탑동 690-3

『삼국사기』에 전하는 우리의 고대古代 사서史書로는 고구려高句麗에 『유기留記』 100권 『신집新集』 5권이 있었다고 했고, 백제百濟에는 『서기書記』가 있었고 신라新羅에는 『국사國史』가 있었다고 했는데, 고구려와 백제의 사서史書는 각각 그 나라의 운명과 함께 모두 소진燒盡된 것으로 보인다. 신라 사서는 고려高麗로 전해졌을 것으로 짐작된다. 그러나 현재에는 전해지지 아니한다.

이 외에도 『단군기檀君記』, 『해동고기海東古記』, 『삼한고기三韓古記』, 『신라고사新羅古事』, 『단기고사檀奇古史』, 『조대기朝大記』, 『신지비사역술神誌祕詞譯述』, 『신지비사神誌祕詞』, 『해동비록海東祕錄』, 『고조선비사古朝鮮祕史』, 『삼성밀기三聖密記』, 『삼한습유기三韓拾遺記』, 『대변설大辯說』, 『지공기誌公記』, 『화랑세기花郎世記』 등 수십 종의 상고사서上古史書가 있었다고 서목書目은 전하지만 현재까지 전해진 것은 거의 없다. 간혹 필사본筆寫本을 발견했다는 주장이 있기는 하나 그 진위眞僞를 확인하기 어려운 경우도 있다.

우리의 상고上古 사료史料가 왜 이렇게 인멸湮滅하게 되었는지 생각해 보면 어느 한 시대의 일이 아닌 듯하다.

고려 인종仁宗 4년(서기 1126)에는 금金나라 태종太宗의 위세威勢와 강요强要에 눌려 칭신稱臣하는 상표上表57)를 하였고, 이어서 7년(서기 1129)에는 속국屬國의 서표誓表58)를 올렸다. 금金나라는 여진족女眞族이 만주滿洲에서 세운 나라인데, 태백산太白山=白頭山을 금나라 발상發祥의 영산靈山

---

57) 칭신稱臣하는 상표上表 : 고려 인종仁宗 4년(1126년)에 금金나라의 신하臣下됨을 칭하는 소회所懷를 담아 금나라 태종太宗에게 표문表文을 올린 사건.
58) 속국屬國의 서표誓表 : 고려 인종仁宗 7년(1129년)에 금나라의 속국屬國이 될 것을 맹세하는 표문表文을 금나라 태종에게 올린 사건.

으로 숭앙崇仰하여 흥국영응왕興國靈應王에 봉하고 단군檀君을 개국開國의 시조始祖로 받들어 태백산백두산 북쪽에 대안전大安殿을 세우고 개천홍성제開天弘聖帝를 책봉冊封하여 신위神位를 봉안奉安하였다.『신단실기神檀實記』「단사전묘壇祠殿廟」59)에 인용된『금사예지金史禮志』

그래서 금나라는 단군의 정통을 이어받은 나라임을 자처自處하였다. 만약 고려高麗가 단군을 개국開國 시조始祖로 받들고 백두산을 개국의 발상지發祥地로 숭앙崇仰한다면 금나라의 정통성에 도전하는 것이 되어 금나라의 미움을 받아 재난을 당할까 두려워하여『삼국사기三國史記』를 편찬할 때도 단군조선의 개국에서부터 삼국三國 전까지의 역사는 모두 기록하지 못했다. 이러한 국가적 분위기의 영향으로 상고사上古史의 연구는 기피하거나 그 사적史籍 자체를 위험물시危險物視하는 경향이 있었다.

또 몽고蒙古의 침략과 지배 통치 및 홍건적紅巾賊의 침입 등으로 많은 옛 사적史籍이 병화兵火에 소실燒失됨으로써『삼한고기三韓古記』등 우리의 중요 사서史書가 점점 자취를 감추게 되었다.

이어서 조선왕조朝鮮王朝는 국초國初에 국호國號를 화령

---

59) 단사전묘壇祠殿廟 : 제단祭壇과 사당祠堂, 신전神殿, 묘우廟宇를 병칭倂稱하는 말임.

和寧과 조선朝鮮 중 하나를 지정해 주기를 명明나라 태조太祖 주원장朱元璋에게 청했고, 조선朝鮮을 지정받아 국호國號로 사용할 정도로 유교儒敎와 사대모화事大慕華를 국시國是로 건국한 나라이다.『태조실록太祖實錄』원년 및 2년 조 참조

  태조太祖 4년에 정도전鄭道傳과 정총鄭摠 등이 『고려사高麗史』 37권을 지었는데, 이듬해에 명明나라 태조太祖가 『고려사高麗史』의 표전문表箋文60) 내용이 불손不遜하다고 그 집필자執筆者를 밝히라 했다. 그로 인해 정도전을 대신한 권근權近과 정총 등이 문책問責 되어 명나라로 잡혀갔다. 정총은 형을 받아 유배流配가던 중 사망했다. 권근은 명 태조로부터 '태고太古 때 처음으로 동이東夷의 나라를 세운 임금 始古開闢東夷主'이라는 제목題目으로 시詩를 지으라는 하명을 받고 시를 지어 응답했는데 명 태조가 그 시를 보고 만족해하며 권근을 면책免責했다. 또한 이를 사적史籍에 올려서 후세에 참고參考하게 하도록 하라고 명했다.『고려사高麗史』『태조실록太祖實錄』『연려실기술燃藜室記述』『태종실기太宗實記』『해동명신록海東詩名臣錄』

---

60) 표전문表箋文 : 표문表文과 전문箋文의 병칭倂稱. 표문은 소회所懷를 적어서 임금에게 올리는 글이고, 전문은 나라에 길흉사가 있을 때 축수로 써 올리던 사륙병려체四六騈儷体의 글이다.

권근權近이 지은 응제시應製詩는 다음과 같다.

명제命題 : 始古開闢東夷主
태고 때 처음으로 동이의 나라를 세운 임금

聞說鴻荒日
(신臣이) 듣건데, 아주 오랜 옛날에

檀君降樹邊
단군이 박달나무 옆에 내려오시어

位臨東國土
동국의 임금으로 즉위하시니

時在帝堯天
이때가 요임금의 때와 같다 하였소

傳世不知幾
대대를 전한 것이 몇 대인지 알 수 없으나

歷年曾過千
역년歷年은 일찍이 천년을 지났다 했소.

後來箕子代

뒤에 와서 기자箕子가 왕을 대신했는데

同是號朝鮮
이와 같이 국호는 조선이라 했다 하였나이다.

　이로부터 조선은 명나라를 의식하여 어찬御撰, 관찬官撰, 사찬私撰을 막론하고 모든 사서史書를 저술著述함에 단군조선사檀君朝鮮史 등 상고사上古史에 대한 기록은 시조 단군의 개국開國 사실만을 간략히 언급함에 그치고, 여타餘他 사실史實은 공백空白으로 남겨 두게 되었다.
　또 이와 같은 재앙災殃의 재발再發 방지를 위하여 태종太宗 13년 서기1413에는 궁중 서운관書雲觀에 비장祕藏되어 있던 『신지비사神誌祕詞』,『해동비록海東祕錄』등 사대事大의 국시國是에 위배 되는 고사적古史籍은 모두 소각燒却하였다.『태종실록:太宗實錄』
　또 세조世祖 3년 서기1457, 예종睿宗 원년 서기1469, 성종成宗 즉위년 서기1469 등 3차례에 걸쳐 임금이 팔도관찰사八道觀察使 또는 예조禮曹에 유시諭示를 내려 전국의 관청, 민가, 사찰寺刹, 고가古家 등에 소장所藏되어 있는 고조선비사古朝鮮祕詞, 대변설大辯說, 조대기朝大記 등 고사서古史書, 도가서道家書, 비기류祕記類 등 수십 종의 서목書

目을 적시摘示하여 그것을 찾아 올리게 하고, 회수한 서책은 금서禁書로 지정하여 궁중에 비장하여 두고 임의로 열람할 수 없게 하였다.『세조실록世祖實錄』『예종실록睿宗實錄』『성종실록成宗實錄』

그런데 이러한 와중에도 숙종조肅宗朝에 북애선인北崖仙人이 『규원사화揆園史話』를 저술할 때 전국을 다니면서 『진역유기震域遺記』, 『조대기朝大記』, 『고조선비기古朝鮮祕記』, 『삼성밀기三聖密記』, 『지공기誌公記』, 『삼한습유기三韓拾遺記』, 『사문록四聞錄』 등을 찾아서 인용하였다 한 것으로 보아 이때까지는 그러한 고사적古史籍의 일부가 잔존殘存하였던 것으로 짐작된다.

그리고 한일합방韓日合邦 후에 일제日帝가 조선 상고사를 말살抹殺하고 중고사中古史부터 장차 왜곡歪曲, 날조捏造하여 "한일합방은 일본日本이 잃어버린 과거의 조선지배권朝鮮支配權을 회복한 것이므로 역사적歷史的으로 당연한 것이다."61)라는 이론적理論的 기반基盤을 구축構築하고, 이를 학문적學問的으로 체계화體系化하여 조선朝鮮을 영구永久 식민지화植民地化하기 위하여 '조선사편수사업朝鮮史編修事

---

61) 한일 합방은····당연한 것이다 : 여기에 조작 동원된 논리로 기록된 내용이 식민사관植民史觀의 요체要諦이다.

業'을 시행했다. 그러면서 사료수집史料蒐集이라는 명목으로 궁중宮中에 비장祕藏되어 있던 고사서古史書는 물론 민간이 소유한 것까지 20수만 권의 사책史冊을 수탈收奪하여 소각燒却하거나 인멸湮滅하였다.

이로써 우리의 상고사上古史에 대한 역사서歷史書는 거의 없어졌고, 조선사편찬(수)위원회가 남겨둔 사서史書는 단군檀君 등 고조선古朝鮮의 역사가 전혀 없는 『삼국사기三國史記』와 단군을 신화적神話的 인물로 윤색하여 놓은 『삼국유사三國遺事』, 그리고 『제왕운기帝王韻紀』, 『동국통감東國通鑑』 등 20여 종뿐이다.

이상에서 우리 상고사에 대한 사료史料 고갈枯渴의 과정過程을 개관槪觀하였다. 진한辰韓에 대한 새로운 사료가 발굴되기를 기대하는 것은 너무나 막연한 일이라 생각된다.

그러나 신라 건국 세력이 진한유민辰韓遺民이었음을 증명함에 부족함이 있는 것은 아니다. 왕의 위호位號 거서간居西干, 마립간麻立干 등은 중국식 위호가 아니다. '간干'은 '한汗'이나 '한韓'과 같이 북방 국가 왕의 위호인 '칸'의 이두식 표기다. 북방문화와 습속이 골수에 깊이 새겨진 이류민移流民이 아니었다면 어찌 건국 이후 근 600년 동안 북방에서 쓰던 군주의 위호 '칸干'을 계속 사용하였 겠는가. 만약 그들이 진망인秦亡人이었다면 군주의 위호를 '칸干'이라고 했겠는가. 필시 '왕王'이라 하였을 것이다.

또 『삼국사기』「기림이사금基臨尼師今」 조를 보면, "3년 서기300년 3월에 우두주牛頭州. 현 春川에 이르러 태백산太白山을 망제望祭하였다."고 했다. 신라는 단군이신 진한의 직할 신민臣民으로서 남하南下한 진한유민辰韓遺民이기 때문에 고토故土를 떠난 지 400년이 가까워가는데도 국조國祖의 발상지發祥地인 태백산太白山=白頭山 쪽을 바라보면서 멀리서나마 망제望祭를 지내는 것은 의연依然한 고심古心이라 할 것이다.

따라서 『삼국사기』에 "조선유민이 산곡간에 나누어 살면서 육촌六村을 이루니 이것이 진한 육부다."라고 한 것은 구체성이 부족하기는 하지만 역사 사실을 기록한 것이 틀림없다고 생각한다.

Ⅲ. 박혁거세朴赫居世 거서간居西干의 출현出現과 건국建國

1. 박혁거세의 탄생誕生 설화說話

『삼국사기』「신라본기 시조 혁거세 거서간」조에 이르기를 "시조의 성姓은 박씨朴氏고 이름은 혁거세赫居世로 전한前漢 효선제孝宣帝 오봉五鳳 원년元年 갑자甲子(서기전 57년)년 4월 병진丙辰날에 즉위卽位하여 위호位號를 거서간居西干이라 했는데, 그때 나이 13세였다. 국호國號를 徐那伐이라 했다. 이보다 먼저 고허촌장高墟村長 소벌공蘇伐公이 양산楊山 기슭을 바라보니 나정蘿井 곁 숲 사이에 말이 꿇어앉아서 울고 있었다. 그곳으로 가서 보니 말은 갑자기 보이지 않고 다만 큰 알이 있는지라 이를 깨어보니 그 속에서 한 어린 사내아이가 나왔다. 곧 그 아이를 거두어 길렀는데, 십여 세가 되니 지각知覺이 높고 숙성夙成하였다. 육부六部 사람들이 그의 출생이 신기하므로 모두 우러러 받들다가 이에 이르러 그를 임금으로 삼아 세우게 되었다."62)라고 하여 그 탄생을 난생설화卵生說話로 전했다.

『삼국유사』에도 이와 비슷한 설화가 수록되어 있다. 「신라시조 혁거세 왕」 조에 이르기를 "전한前漢 지절地節 원년서기전 69년 삼월 초하루에 육부의 조상들이 각각 자제들을 거느리고 알천閼川가 언덕에 모여 의논하였다. "우리들은 위로 임금이 없어 백성을 다스리지 못하므로 백성들은 모두 방자하여 저 하고자 하는 대로 하고 있다. 어찌 덕 있는 사람을 찾아 임금으로 삼아 나라를 세우고 도읍을 정하지 않겠는가." 이에 그들이 높은 곳에 올라 남쪽을 바라보니 양산楊山 아래 나정蘿井이란 우물 곁에 번개 빛처럼 이상한 기운이 땅으로 드리워져 있고, 흰 말 한 마리가 절하는 형상으로 꿇어앉아 있었다. 그곳을 찾아 살펴보니 자주색 알(푸른색 큰 알이라고도함) 한 개가 있었다. 말은 사람을 보고 길게 울고는 하늘로 올

---

62) 『삼국사기』 「신라본기 시조 혁거세 거서간」 조 : 始祖姓朴氏 諱赫居世 前漢 孝宣帝五鳳元年甲子 四月丙辰 卽位 號居西干 時年十三 國號徐那伐 先是 高墟村長蘇伐公 望楊山麓 蘿井傍 林間 有馬跪而嘶 則往觀之 忽不見馬 只有大卵 剖之 有嬰兒出 焉 則收而養之 及年十餘歲 岐嶷然夙成 六部人以其生神異 推 尊之 至是立爲君焉

라가 버렸다. 그 알을 깨어보니 사내아이가 있었는데 그 모양이 단정하고 아름다웠다. 모두 놀라고 이상하게 여겨 아이를 동천東泉에서 목욕시켰더니 몸에서 광채가 나고 새와 짐승들이 다 춤을 추고 천지가 진동하고 해와 달이 청명하였다. 이로 인하여 그 아이를 혁거세왕赫居世 王이라 이름했다. 혹 불구내왕弗矩內王이라고도 한다. 위호 位號를 거슬한居瑟邯이라 했다. 혹 거서간居西干이라고도 한다."63) 라고 하여 난생설화卵生說話로 전하였다.

『삼국사기』와 『삼국유사』에 전하는 두 설화說話가 특별히 다르다 할 것은 아니지만 내용상 보완補完 관계에 있을 듯하여 함께 제시하였다.

그런데『삼국사기』편수자編修者인 당시의 감수국사監修 國史 김부식金富軾이『삼국사기』「신라본기」말미에 붙인 사론史論을 보면, "신라의 박朴씨, 석昔씨는 모두 알에서 나왔다 하고, 김金씨는 하늘에서 금궤金櫃에 넣어 내려보

---

63) 『삼국유사』「신라시조 혁거세왕」조 : 前漢地節元年壬子三月朔 六部祖各率子弟 俱會於閼川岸上 議曰 我輩上無君主臨理蒸民 民皆放逸 自從所欲 盍覓有德人 爲之君主 立邦設都乎 於是乘高南望 楊山下蘿井傍 異氣如電光垂地 有一白馬跪拜之狀 尋撿之 有一紫卵(一云 靑大卵) 馬見人長嘶上天 剖其卵得童男 形儀端美 驚異之 浴於東泉 身生光彩 鳥獸率舞 天地振動 日月淸明 因名赫居世王(或作 弗矩內王)…… 位號曰居瑟邯 (或作 居西干)

나정 경북 경주시 탑동 700-1

냈다 하고, 혹은 금수레를 탔다고 하니 이는 더욱 궤괴詭怪하여 믿을 수 없는 일이다. 그러나 세속世俗이 서로 전하여 그것이 실사實事로 되었다."64)라고 하여 박혁거세와 석탈해의 난생설화와 김알지의 궤출설화는 도저히 믿을 수 없는 일이지만 세상이 그렇게 전하고 있기 때문에 신라본기에 그렇게 썼다는 뜻을 밝혔다. 이와 같은 난생설화나 궤출설화 등은 특정인을 신이神異한 사람으로 부각시키기 위하여 고대에 널리 사용되었던 수단이므로 그 내용 자체에 특별한 의미를 부여할 필요는 없을 듯하다. 그러나 설화로 대신한 그 부분에 실제 역사가 감춰져 있을 것이니 그 설화 속에 숨겨진 역사적 진실을 밝혀내는 것이 역사 복원에 또 하나의 길이 될 것이므로 이 점을 간과看過해서는 안된다고 생각한다.

---

64) 監修國史 金富軾의 史論: 新羅朴氏昔氏皆自卵生 金氏從天入金櫃而降 或云乘金車 此尤詭怪不可信 然世俗相傳爲之實事

2. 서술성모西述聖母 소탄설所誕說

　김부식金富軾이 『삼국사기』「신라본기」 말미의 사론에서 이르기를 "정화연간政和年間에 우리 조정에서 상서尚書 이자량李資諒을 송宋으로 보내서 조공朝貢하게 했는데, 이때 신臣 부식富軾이 문한文翰의 책임을 맡고 수행하여 우신관佑神館에 갔을 때 한 당堂에 여신상女神像을 봉안奉安해 둔 것을 보았다. 관반학사館伴學士 왕보王黼가 말하기를 '이것은 귀국의 신神인데 공공公 등은 이를 아는가.'라고 하고 말을 이어 '옛날에 제실帝室의 딸이 있었는데 남편 없이 아이를 배어 사람들이 괴이怪異하게 여기는 바 되자, 곧 배를 타고 진한辰韓에 이르러서 아들을 낳아 해동海東의 첫 임금이 되고, 제녀帝女는 지선地仙이 되어 오래도록 선도산仙桃山에 있었다고 하는바, 이것이 곧 그 상像이다.'라고 하였습니다. 신臣은 또 대송국신사大宋國信使 왕양王襄이 지은 동신성모제문東神聖母祭文에 '어진 이를 낳아 나라를 세웠다'는 구절이 있는 것을 보았는데, 이 동신東神이란 곧 선도산신仙桃山神 성자聖者임을 알 수 있으나, 그 아들이 왕이 되었다는 것은 어느 때의 왕인지 알지 못하겠나이다."[65)]라고 하여 박혁거세는 선도성모가 낳았음을 시사示唆하였다. 선도성모仙桃聖母는 서술성모西述聖母 또는 동신성모東神聖母 등으로 부르는데 성모聖母를 신모神母로 바꾸어 부르기도 한다.

감수국사監修國史 김부식이 왕이 된 동신성모의 아들이 박혁거세인지 몰라서 어느 때의 왕인지 알지 못하겠다고 하였겠는가.

『삼국사기』 신라본기의 「시조 혁거세 거서간」 조에 그의 탄생을 세속이 전하는 난생설화로 이미 기록해 놓고, 그것이 사실史實인 양 밀고 나가자니 사실史實을 설화說話 속에 묻어버리는 것이 되어 두렵고, 그것을 새삼스럽게 사론史論에서 모두 밝히자니 본기本記의 난생설화를 부정하는 것이 되어 자가당착自家撞着에 빠지는 결과가 될 것이므로 동신성모에 대한 개략적인 언급만 하고 그 아들이 왕이 되었다고는 하면서도 어느 때의 왕인지는 알지 못하겠다고 얼버무린 것이리라.

그리고 전술한 『삼국유사』의 신라시조 혁거세 거서간

---

65) 監修國史 金富軾의 史論 : 政和中 我朝遣尙書李資諒入宋朝貢 臣富軾以文翰之任輔行 詣佑神館見一堂設女神像 館伴學士王黼曰 此貴國之神 公等知之乎 遂言曰 古有帝室之女 不夫而孕 爲人所疑 乃泛海抵辰韓生子 爲海東始主 帝女爲地仙 長在仙桃山 此其像也 臣又見大宋國信使王襄祭東神聖母文 有娠賢肇邦之句 乃知東神則仙桃山神聖者也 然而不知其子王於何時

탄생설화 원주原註에 "해설자가 이르기를 혁거세의 탄생은 서술성모西述聖母가 낳은 것이다. 그 때문에 중국사람이 서술성모를 찬양하여 어진 이를 낳아서 나라를 세웠다는 말이 있으니 이를 말함이다."66)라고 하고, 또「선도성모수희불사仙桃聖母隨喜佛事」67) 조에 "그(서술성모)가 처음 진한에 와서 성자聖子를 낳아 동국東國의 첫 임금이 되었으니 아마도 혁거세赫居世, 알영閼英 두 성인을 낳았을 것이다. 때문에 계룡雞龍, 계림雞林, 백마白馬 등으로 일컫는 것이니 이는 닭雞이 서쪽에 속하기 때문이다."68) 라고 하여 서술성모소탄설西述聖母所誕說을 지지하였다.

선도성모수희불사 조의 이 기록을 다시 음미吟味해 보면, 서술성모가 낳은 이는 박혁거세뿐 아니라 알영閼英과 알지閼智까지 셋임을 알 수 있다. 계룡雞龍은 알영의 탄생설화에 나오는 것이요, 계림雞林은 알지의 탄생설화에 흰 닭이 울었다 하여 시림始林을 개명改名한 것이요, 백마白馬

---

66)『삼국유사』신라시조 혁거세 탄생설화 원주 : 說者云 是西述聖母之所誕也, 故中華人讚仙桃聖母 有娠賢肇邦之語是也
67) 선도성모수희불사仙桃聖母隨喜佛事 : 선도성모가 불교행사를 좋아한다는 말임. 隨喜란, 남의 좋은 일을 보고 따라 좋아하기를 마치 자기의 좋은 일처럼 여긴다는 뜻임.
68)『삼국유사』선도성모수희불사仙桃聖母隨喜佛事 : 其始到辰韓也 生聖子爲東國始君 盖赫居閼英二聖之所自也 故稱雞龍鷄林白馬等 鷄屬西故也

는 혁거세의 탄생설화에 나오는 것이다. 계룡雞龍, 계림雞林, 백마白馬로 일컫는 이유는 닭雞이 서쪽에 속하기 때문이라 했다. 계룡과 계림의 계雞는 닭이니 닭의 방위가 유방酉方, 즉 서쪽을 지칭하는 말이요, 백마의 백白 또한 오방색五方色 가운데 서쪽을 지칭하는 색이니 이는 모두 서악西岳의 서술성모西述聖母가 낳았음을 설화說話 속에서 암시暗示하는 말이라 할 것이다.

  서술설모가 혁거세를 낳았다는 데는 이견이 없는 듯하나, 그가 어디에서 왔는가에 대하여는 중국제실中國帝室의 딸이라는 주장과 부여제실夫餘帝室의 딸이라는 주장으로 나뉜다.

3. 서술성모西述聖母는 어디에서 왔는가

(1). 중국中國 제실帝室의 딸이라는 주장

『삼국사기』 김부식金富軾의 사론史論에는 전술한 바와 같이 정황상情況上 서술성모를 중국 제실의 공주로 볼 수밖에 없도록 기술하였지만 중국제실지녀中國帝室之女라 적시摘示한 바는 없는데, 일연一然의 『삼국유사』 「선도성모수희불사」 조에는 김부식의 사론을 인용引用하면서 '고유제실지녀古有帝室之女'를 '고유중국제실지녀古有中國帝室之女'로 개서改書하였다. 또 "신모神母는 본래 중국 제실의 공주로 이름이 사소娑蘇라고 하는데, 일찍이 신선神仙의 술법을 배워 해동海東에 와서 머물러 오랫동안 돌아가지 않았다. 이에 부황父皇이 솔개 발목에 편지를 매달아 보냈는데 그 편지에 이르기를 '솔개가 머무는 곳에 집을 지으라.'고 했다. 사소가 그 편지를 보고 솔개를 놓아 보내니 선도산仙桃山으로 날아가 멈추었으므로 드디어 그곳에 가서 살아 지선地仙이 되었다. 이 때문에 그 산 이름을 서연산西鳶山이라고 했다."69)라고 하여 서술성모는 중국

---

69) 『삼국유사』 선도성모수희불사 조 : 神母本中國帝室之女 名娑蘇 早得神仙之術 歸止海東 久而不還 父皇寄書繫鳶足云 隨鳶所止爲家 蘇得書放鳶 飛到此山而止 遂來宅爲地仙 故名西鳶山

황실의 딸이라고 하였다.

서연산西鳶山은 '서쪽 솔개산'이란 말인데, 이는 솔개를 한자로 표기한 것이고, 서술산西述山이라 함은 솔개를 이두吏讀로 음역音譯한 것이다. 이를 선도산仙桃山 또는 서악西岳이라고도 한다.

(2). 부여제실夫餘帝室의 딸이라는 주장

이맥李陌의 『태백일사太白逸史』 고구려국본기高句麗國本記에 이르기를 "사로斯盧의 첫 임금은 선도산仙桃山 성모聖母의 아들이다. 옛날 부여夫餘 제실帝室의 딸 파소婆蘇가 남편 없이 아이를 배어 사람들이 괴이怪異하게 여기는 바 되자 눈수嫩水로부터 도망쳐서 동옥저東沃沮에 이르렀다. 또 배를 타고 남하하여 진한辰韓의 나을촌奈乙村에 와 닿았다. 그곳에서 사내아이를 낳았다. 이때 소벌도리蘇伐都利라는 사람이 있어 그 소식을 듣고 가서 거두어 집에 데려다 길렀더니 나이 13세에 이르자 지혜는 빼어나고 숙성하여 성덕聖德이 있는지라. 진한 육부의 사람들이 모두 존경하여 거세간居世干을 삼아 도읍을 서라벌徐羅伐에 세우고 나라를 진한으로 하고, 또한 사로斯盧라고도 했다."70)라고 하여 서술성모는 부여 제실의 딸이라는 주장을 했다.

  또 김교헌金敎獻71)의 저서 『신단실기神檀實記』 신라 조에도 이와 거의 같은 기사記事가 보인다. 즉 "신라 시조 혁거세赫居世의 성姓은 박씨朴氏이다. 처음에 부여扶餘 제실帝室의 딸 동신성모東神聖母 파소婆蘇가 남편이 없이 임신을 하여 부모로부터 쫓겨났다. 이에 진한辰韓 땅에 들어가서 혁거세를 낳아 양산촌楊山村 나정蘿井 숲 사이에 버렸다. 어떤 사람이 아이를 거두어 길렀는데 영특하고 숙성하여 신덕神德이 있었다. 이보다 먼저 조선유민朝鮮遺民이 동해東海 가 산곡간山谷間에 나누어져 살면서 육촌六村을 이루었다. …고허촌장高墟村長 소벌공蘇伐公이 육부六部 사람들과 더불어 혁거세를 추존推尊하여 개천開天 2401년 갑자甲子(서기전 57년) 4월 병진丙辰에 임금으로 세우니

---

70) 李陌의 『太白逸史』 高句麗國本記 : 斯盧始王仙桃山聖母之子也 昔有夫餘帝室之女婆蘇 不夫而孕 爲人所疑 自嫩水逃至東沃沮 又泛舟而南下 抵至辰韓奈乙村 時有蘇伐都利者 聞之往收養於家 而及年十三岐嶷夙成有聖德 於是辰韓六部共尊爲居世干 立都徐羅伐稱國辰韓 亦曰斯盧

71) 김교헌金敎獻 : 1868~1923. 호는 무원茂園. 성균관 대사성大司成, 문헌비고찬집위원, 규장각 부제학副提學, 국조보감감인위원 등 역임. 가선대부에 오름. 일제日帝에 항거하여 만주에서 독립운동에 참여. 대종교 도사교都司敎를 지냄. 우리 국사國史를 바로 잡으려고 애썼음. 만주에서 별세. 저서로는 『신단민사神檀民史』, 『신단실기神檀實記』, 『단기고사檀記故事』 등이 있음.

그때 나이 13세였다. 위호位號를 거서간居西干이라 하고 나라 이름을 사로斯盧라 하다가 뒤에 신라로 개칭하였다.…계림雞林 서악西岳에 성모사聖母祠가 있다."72)라고 하였다.

이상의 『태백일사』나 『신단실기』에서 그것을 인용한 저본底本은 적시摘示하지 않았지만, 한 사람의 저서에만 언급된 기사記事가 아님을 볼 때 필시 고기古記에서 인용한 것임을 의심할 여지가 없다 할 것이다.

그리고 서술성모의 이름을 『삼국유사』에는 사소娑蘇라 했고, 『태백일사』와 『신단실기』에는 파소婆蘇라 했는데, 사료史料의 빈곤으로 어느 이름이 맞는지 확인하지 못했다.

(3). 검토 의견

전술한 두 주장 가운데 어느 주장이 과연 실제의 역사인가에 대한 확론確論을 얻기에는 너무나 사료의 결핍缺乏

---

72) 『神檀實記』「新羅」條 : 新羅始祖赫居世 姓朴氏 初扶餘帝室女 東神聖母 婆蘇 不夫而孕 父母逐之 乃入辰韓地 生赫居世 棄之楊山村 蘿井林間 人收養 英特夙成 有神德 先是 朝鮮遺民 分居東海濱山谷 爲六村…高墟村長蘇伐公 與六部人 推尊之 開天二千四百一年 甲子四月丙辰 立爲君 時年十三 稱居西干 國號斯盧 後改稱新羅…雞林西岳 有聖母祠

이 심하기 때문에 쉽지 않다. 그러나 역사상歷史上 정황情況을 미루어 추정推定하여 볼 수 있지 않을까 생각한다.

『삼국사기』에 의하면, 혁거세赫居世는 전한前漢 효선제孝宣帝 오봉五鳳 원년서기전 57년 4월 병진일丙辰日에 거서간居西干에 즉위했는데, 그때 나이가 13세라고 하였으니 탄생 연도를 역산하면 효선제孝宣帝 지절地節 원년서기전 69년이 된다. 『삼국유사』의 혁거세赫居世 탄생을 보면, 전한 지절 원년 3월 초하루라 했으니 『삼국사기』 기록과 탄생 연도가 일치한다. 이를 미루어 추측해 보면, 서술성모가 중국 제실의 딸이라고 가정할 때 그 본국을 떠나온 시기가 임신 기간을 감안하면 아마도 출산出産 전 해인 효선제 본시本始 4년서기전 70년 가을쯤 될 것으로 짐작할 수 있다. 그 당시 중국은 전한前漢 7대 황제인 효선제孝宣帝 때이니, 전술한 바와 같이 송宋나라 관반학사館伴学士 왕보王黼가 고려 사신 김부식金富軾 일행을 우신관祐神館으로 안내하였을 때 서술성모西述聖母를 전한前漢 효선제孝宣帝의 공주라고 하거나, 그 직전 황제인 소제昭帝의 공주라고 하여야 할 것인데 막연하게 '옛날에 제실의 딸이 있었다'고만 하고 어느 나라 어느 황제의 딸이라고 적시摘示하지 못한 것을 보면 그것은 필시 중국 사서史書에도 근거가 없는 이야기일 것이다. 그렇다면 무엇 때문에 당시로부터 일천수백 년이 지난 일을 새삼스럽게 거론하면서 근거도 모르는 이야기를 고려국 사신에게 알리려고 하였겠는가?

당시 송宋나라는 북방의 요遼나라를 당적하기도 어려운 실정이었는데 새로이 만주滿洲에서 금金나라가 일어나 그 세력이 날로 커지고 있어서 크게 위협을 느끼는 상황이었다. 따라서 금金나라 배후에 있는 고려高麗를 우방友邦으로 확실히 붙들어 둘 필요를 강하게 느꼈을 것이다. 동신성모의 옛 전설을 활용하여 그를 중국 황실의 딸로 인식하게 한다면 신라는 당연히 중국 외손外孫의 나라가 되는 것이므로, 신라의 뒤를 이은 고려에게도 중국이 외가外家의 나라라는 윤리적倫理的인 인식認識을 심어줄 수 있기 때문에 송나라가 우신관에 여신상을 준비하여 고려 사신에게 안내하고, 또 왕양王襄으로 하여금 '어진 이를 낳아서 나라를 세웠다'고 찬양讚揚하는 제문祭文을 짓게 하여 고려에 사신으로 보내서 동신성모 제사에 참제叅祭하게 한 것은 아닐까?

전술한 진한유민설과 진망인설의 검토에서 언급한 바와 같이 신라 건국세력인 진한유민을 진辰과 진秦의 음音

이 같은 것을 빌미 삼아 진지망인秦之亡人이라 하여 신라를 중국의 분국시分國視하려던 그들의 동화책략同化策略과 같은 맥락에서 볼 때 송나라가 위증을 제시하면서라도 그들의 병적인 동화책략同化策略을 펼치려고 했을 가능성이 없지 않을 듯하다. 혹 고려에서도 중국의 위망威望을 빌리려는 경향에 있었던 것은 아니었는지? 어쨌든 그런 책략策略이 아니었다면 중국 역사에 근거도 없는 동신성모의 신상神像이 송宋나라에 봉안되어 있다는 것이 이상하고, 송나라가 고려에 사신을 보내서 동신성모 제사에 제문을 지어 참사叅祀하게 한 것도 일천수백 년 동안 전례가 없던 일이 아닌가.

만약 동신성모가 중국 황실의 공주였다면 그의 아들을 진한 유민들이 옹립하였을 리가 없고, 또 동신성모가 자기 아들의 위호位號를 중국처럼 왕이라 칭하도록 하지 않고 거서간居西干이란 북방의 위호를 쓰도록 하였겠는가. 쉽게 납득할 수 없는 일이다.

다음으로 부여扶餘 제실帝室의 공주라는 주장은 어떻게 보아야 할 것인가를 생각하여 보자.

우리가 상고사上古史의 흐름을 대강大綱 말할 때는 대체

로 고조선古朝鮮을 시작으로 하여 북부여北扶餘로 이어지고, 다시 열국분립시대列國分立時代를 거쳐 삼국시대三國時代로 이어진다고 한다. 또 우리 역사의 유구함을 말할 때 흔히 반만년역사半萬年歷史라고 한다. 그런데 그 반만년역사 가운데 우리가 체계적인 역사서歷史書를 가진 기간은 삼국시대 이후의 약 2천 년에 불과하고 나머지 약 2천수백 년간의 역사는 제대로 전해지지 않았다. 그렇지만 아예 기록이 없었던 것은 아닌 듯하다. 전술한 '육촌 사람들은 어디에서 왔는가'의 종합적인 견해에서 언급한 바와 같이 조선조까지도 고조선과 북부여 및 열국列國의 역사 기록이 있음직한 고기古記들이 많이 있었는데, 지금은 그 서목書目들만 전할 뿐 책들은 모두 없어졌다. 그래서 우리 상고의 역사는 중국 사서史書에 간혹 기록된 편린片鱗에 불과한 사료史料와 『삼국사기』, 『삼국유사』 등에 언급言及된 몇 구절의 기록 및 잔존殘存하는 약간의 고기간행본古記刊行本 등에 의존할 수밖에 없게 되었다.

 이처럼 상고사에 대한 사료가 고갈枯渴된 데다, 약간의 잔존 고기 간행본마저 학계에서는 위작시僞作視하는 경향이 없지 않다. 이러한 상황에서 서술성모가 부여국 어느 제왕의 딸임을 규명하는 것은 쉽지 않을 것이므로 여기에서는 일단一端의 추론推論이라도 이끌어낼 수 있으면 다행이라 하겠다.

먼저 『삼국사기』를 보면 부여의 역사를 전하기 위한 기사는 없고 다만 고구려 시조 고주몽과 백제 시조 온조의 소자출所自出을 설명하기 위하여 끌어들인 것뿐이어서 부여를 우리 역사의 영역으로 보았는지 의심스러울 정도이다.「고구려 시조 동명성왕」조의 기사記事에 의하면, "부여왕 해부루解夫婁는 하늘이 재상宰相 아난불阿蘭弗에게 장차 나의 자손으로 하여금 여기에 나라를 세울 것이니 너희들은 이곳을 피하라고 하였다는 말을 듣고 하늘의 명을 따라 가섭원迦葉原으로 천도遷都하여 동부여東扶餘가 되었다"는 설화說話를 제시하고 있다. 이어서 "그 구도舊都에는 어떤 사람이 어디에서부터 왔는지 알 수 없으나 자칭自稱 천제天帝의 아들 해모수解慕漱라 하며 와서 이에 도읍했다."73)라고 함으로써 해모수가 부여왕 해부루를 핍박하여 가섭원으로 축출하였음을 시사示唆하였다. 여기에다「백제 시조 온조왕溫祚王」조의 원주原註에 "또 말하기를 시조의 부친은 우태優台인데 북부여왕 해부루의 서

---

73)『삼국사기』「고구려 본기 始祖東明聖王」條 : 其舊都有人 不知所從來 自稱天帝子解慕漱 來都焉

손庶孫이다."74)라고 한 것과 관련지어 보면, 해모수는 부여왕이 아닌 북부여왕 해부루를 가섭원으로 축출하고 그 구도舊都에 나라를 세웠다는 말이 된다. 『삼국사기』에 해모수가 세운 나라의 이름을 밝힌 바는 없지만, 대체로 해모수를 북부여의 시조라고 생각한다. 북부여 시조가 나라를 세우기 전에 이미 북부여왕이 있어서 동부여로 축출당했다는 말은 이해하기 어렵다.

여기에서 『삼국유사』 「북부여北扶餘」 조를 보면, "고기古記에 이르기를 전한前漢 선제宣帝 신작神爵 3년 임술壬戌 서기전 59년 4월8일에 천제天帝가 흘승골성訖升骨城에 내려와서 도읍都邑을 세우고 왕이 되었는데, 국호를 북부여北扶餘라 하고 이름을 자칭自稱 해모수解慕漱라 했다. 아들을 낳았는데 이름을 부루扶婁라 하고 해解로써 씨氏를 삼았다. 해부루 왕은 뒤에 상제上帝의 명으로 인하여 동부여東扶餘로 도읍을 옮겼다."75)라고 하였다.

이와 같이 해모수는 북부여 시조 임금이고 해부루는 그의 아들이니 해모수가 선위禪位하거나 해부루가 반역反

---

74) 『삼국사기』「백제시조 온조왕」조 원주原註 : 一云 始祖⋯其父優台 北扶餘王解扶婁庶孫
75) 『삼국유사』「북부여」조 : 古記云 前漢宣帝神爵三年壬戌四月八日 天帝降于訖升骨城 立都稱王 國號北扶餘 自稱名解慕漱 生子名扶婁 以解爲氏焉 王後因上帝之命 移都于東扶餘

逆한 경우가 아니면 해모수가 살아 있을 때 해부루가 북부여왕이 되는 경우는 없었을 것이다. 그러므로 해모수가 해부루를 핍박逼迫하여 가섭원으로 축출逐出하였다는 것은 전혀 가능성이 없는 억측臆測이라 할 것이다. 그런데도 앞에서 언급한 「북부여北扶餘」 조의 사료 중 "해부루 왕은 뒤에 상제上帝의 명으로 동부여로 도읍을 옮겼다."고 하였으니 해부루왕이 상제上帝:하늘 또는 天帝의 핍박逼迫을 받아 가섭원迦葉原으로 축출당한 것은 역사적 사실로 보이지만, 여기의 상제上帝는 필시 해모수가 아닌 다른 인물일 것이다. 그런데도 『삼국사기』에는 이를 해모수로 오인誤認하고, 그 상황에 맞추고자 해모수가 북부여 시조라는 사실을 감춘 채 "어디로부터 왔는지 알지 못한다不知所從來"고 하였고, 북부여왕 해부루를 부여왕 해부루로 기술記述하였음을 짐작할 수 있다.

그러나 『삼국사기』와 『삼국유사』의 사료史料 만으로는 북부여사北扶餘史의 실마리를 찾을 수 없다. 그래서 고려말의 학자인 휴애거사休崖居士 범장范樟[76)]이 찬술撰述한

---

76) 휴애거사休崖居士 범장范樟 : 고려말高麗末의 학자學者. 『북부여기北夫餘紀』 上·下와 『가섭원부여기迦葉原夫餘紀』를 찬술撰述하였다. 또 『동방연원록東方淵源錄』을 썼다고 전하고, 목은牧隱 이색李穡과 같이 『천부경주해서天符経註解書』를 썼다고 함.

『북부여기北夫餘紀』를 상고詳考해 보니 막연漠然하기만 하여 답답하던 가슴이 조금은 트이는 듯한 느낌을 받았다. 그것은 실사實史 여부를 아직 깊이 고증考證하여 보지는 못했지만 역대歷代 제왕帝王의 이름과 업적 및 재위기간在位期間을 개략적概略的이나마 갖추었고, 또 북부여왕 해부루를 해모수의 증손이라고 하고, 그를 가섭원으로 축출한 인물을 제시하고 있을 뿐만 아니라 북부여사北夫餘史의 흐름에 무리가 있지는 아니한 듯하기 때문이다.

부여에도 북부여, 동부여, 졸본부여 등 여러 갈래가 있지만 제실帝室이란 말을 쓸 수 있는 부여는 북부여뿐일 것이다. 그래서 범장范樟의 『북부여기北夫餘紀』를 근거로 하여 서술성모가 박혁거세를 임신한 시기로 짐작되는 서기전 70년경의 북부여 상황을 개관槪觀하여 보기로 한다.

고조선의 뒤를 이은 해모수의 북부여[77]는 진조선 옛

---

77) 해모수解慕漱의 북부여北夫餘 : 이암李嵒의 『단군세기檀君世紀』, 범장范樟의 『북부여기北夫餘紀』 등에 의하면 진조선辰朝鮮 단군고열가檀君高列加 57년 임술(壬戌서기전 239년) 4월8일에 고리국槀離國 사람 해모수解慕漱가 군사를 일으켜 웅심산熊心山을 내려와 북부여北夫餘를 세웠다. 이듬해 단군檀君 고열가高列加가 제위帝位를 버리고 입산入山하였고, 해모수解慕漱는 서기전 232년에 단군檀君 고도故都에 들어가서 오가五加를 회유誨諭하여 진조선辰朝鮮을 통합統合하고 단군檀君에 추대되어 나라를 안정시켰다. 그러나 오래지 않아 연燕나라 장수 진개秦開의 침략으로 만번한滿番汗 서쪽 2천 리 영토를 잃

도읍의 오가五加들을 회유하여 나라를 안정시키고 단군檀
君에 추대되었으나, 오래지 않아 연燕나라 장수 진개秦開
의 침략으로 만번한滿番汗 서쪽 2천 리 영토를 잃었고,
또 흉노匈奴 선우單于 묵돌冒頓의 침략으로 동몽고東蒙古
쪽 수천 리의 영토를 잃었을 뿐만 아니라 위만衛滿의 침
략으로 번조선番朝鮮:전삼한의 변한의 분치영역分治領域을 모
두 잃는 등 국력이 크게 쇠약해진 데다 한漢나라가 위만
조선을 멸망시키고 그 여세餘勢를 몰아 국토의 서남부지
역을 빈번히 침략해 옴으로써 나라를 혼란에 휩싸이게
했다. 이때 서압록西鴨綠 사람 고두막高豆莫이 의병義兵을
일으켜 그 침략군을 연파連破하고 분연히 세상을 구할 뜻
을 세워 계유癸酉:서기전 108년에 졸본卒本에서 동명국東明
國을 세우고 한汗이 된 후 사람을 북부여에 보내서 "나는
천제의 아들인데 이곳에서 도읍을 하고자 하니 왕은 이

고, 또 흉노匈奴의 선우單于 묵돌冒頓의 침략으로 국토의 서
쪽, 지금의 동몽고東蒙古 쪽 수천 리의 영토를 탈취당하는 등
국력이 극히 쇠약해진 가운데 서기전 195년에 해모수解慕漱가
붕어崩御했다. 이듬해 번조선왕番朝鮮王 기준箕準이 위만衛滿
에게 패망 당하는 등 삼조선三朝鮮이 와해瓦解 되었다. 『북부
여기』에 의하면 1세 단군은 해모수解慕漱, 2세 단군은 모수리
慕漱離, 3세 단군은 고해사高奚斯, 4세 단군은 고우루高于婁
이고, 그 아우 해부루解夫婁는 축출되어 동부여왕東扶餘王이
되었다.

땅에서 옮겨가시오."라고 하고 무력으로써 북부여를 위협하니 한漢나라 소제昭帝 시원始元 1년 을미乙未:서기전 86년년에 드디어 북부여왕 해부루가 성읍城邑을 들어 항복해 오니 그를 제후諸侯로 삼아 가섭원迦葉原:岔陵으로 옮겨가게 하여 동부여東扶餘라 하였다. 고두막한高豆莫汗은 북부여 도성을 차지하여 스스로 단군檀君이 되고 나라 이름은 종전대로 북부여北扶餘라 하였다. 이 북부여는 달리 두막루국豆莫婁國이라고도 한다.

『위서魏書』에 이르기를 "두막루국豆莫婁國은 물길勿吉의 북쪽 천 리 되는 곳에 있는데, 옛 북부여北夫餘이다. 실위失韋 동쪽에 있다."78)라고 하였고, 『위략魏略』에는 "부여왕의 옥새玉璽에 '예왕지인濊王之印'이라고 새겨져 있었다. 본래 예濊의 땅인데 부여夫餘가 살고 있으니 그렇게 이르는 것이다. 그 옛 나라는 두막루豆莫婁라 했는데 물길勿吉 북쪽 천 리쯤에 있다."79)라고 하였으니 후기 북부여 왕조80)가 일명 두막루국豆莫婁國이었음이 확실하고, 그 나라

---

78) 魏書云 豆莫婁國 在勿吉北千里 舊北夫餘也 在失韋東
79) 魏略云 夫餘王印文 曰濊王之印 謂本濊地而夫餘居之 其舊國 爲豆莫婁 在勿吉北千里
80) 후기 북부여 왕조 : 해모수의 북부여 왕조와 구분하기 위하여 고두막의 북부여 왕조를 편의상 후기 북부여 왕조라고 하였는데, 이 왕조를 두막루국이라고도 하였음.

가 실위失韋, 즉 지금의 치치하르 동쪽에 있었다고 하였으니 옛 단군의 도읍이었던 하르빈哈爾濱 지역임에 틀림이 없다고 생각된다. 전술한 『태백일사』「고구려국본기」에서 "부여 제실帝室의 딸 파소婆蘇가 눈수嫩水로부터 도망하여 동옥저東沃沮에 이르렀다."고 한 그 눈수가 바로 하르빈 지역에서 송화강에 합류한다.

또 신라 승려 안함로安含老의 『삼성기三聖記』에 "서압록 사람 고두막高豆莫이 의병義兵을 일으켜서 또한 단군檀君이라 칭했다. 을미년서기전 86년 한漢나라 소제昭帝 때 부여의 고도故都를 차지하여 나라를 동명東明이라 칭하니 이것이 곧 신라新羅의 고양故壤이다."81)라는 구절이 보인다. 고양故壤은 고토故土, 즉 옛 땅이라는 말이다. 신라가 부여의 수도에서 나라를 세운 적이 없는데 고두막한의 동명국을 신라의 옛 땅이라고 한 것은 '서술성모가 동명국, 즉 후기 북부여 단군 고두막한의 공주이기 때문'에 그것을 시사示唆한 말이 아닐까 한다.

고두막한은 을미년乙未:서기전 86년부터 신유년辛酉:서기전 60년까지 27년간 제위帝位에 있었다고 『북부여기』는 전한

---

81) 新羅僧侶 安含老의 『三聖記』 : 西鴨綠人高豆莫汗倡義興兵 亦稱檀君 乙未漢昭時 進據夫餘故都 稱國東明 是乃新羅故壤也

다.

여기에서 두막루국豆莫婁國에 대한 역사를 조금 더 살펴보자. 고려대高麗大 김정배金貞培 교수는 국사편찬위원회에서 펴내는 『국사관논총』에 실린 「두막루豆莫婁 연구 - 부여사의 연결과 관련하여」라는 논문에서 부여가 494년 고구려에 편입되어 역사에서 사라졌다는 기존 통설과 달리 두막루라는 나라로 이어져 230년 동안 더 존속했다는 주장을 제기하면서 기존 부여사를 재조명하여 두막루국 역사를 포함시켜야 한다고 주장했다. 그 근거로는 『위서魏書』 열전列傳의 「두막루」 조와 『신당서新唐書』 「유귀流鬼」 조 등을 제시했다. 두막루국의 위치는 눈강嫩江 동쪽과 송화강松花江 사이의 호눈평원呼嫩平原 일대였을 것으로 추측했다. 그리고 두막루인은 실위失韋, 물길勿吉 등 주변 민족들과 접하여 살았는데 언어는 부여와 마찬가지로 고구려어를 사용했다. 두막루국은 당나라 현종玄宗 때서기724년를 끝으로 역사 기록에서 사라졌다고 주장하였다.(경북매일신문 1991년12월27일자 豆莫婁國이 夫餘계승)

당시 부여의 국속國俗에는 엄한 법금法禁이 시행되고 있었다. 한우근韓㳓劤 박사의 『한국통사韓國通史』와 이병도李丙燾 박사의 『국사대관國史大觀』을 보면, 다 같이 "부여의 국속國俗으로 살인자는 사형에 처하고 그 가족은 노비로 삼았다. 남의 물건을 훔친 자에게는 훔친 물건의 12배를 배상하게 했고, 간음姦淫한 남녀와 부녀婦女로서 투기妬忌하는 자는 사형에 처하여 그 시체를 산 위에 버리게 했다."고 하였다. 이러한 상황 하에서 결혼하지 않은 공주가 아이를 배었다는 사실이 세상에 밝혀진다면 왕실王室이라 하더라도 국법國法을 피할 수는 없을 것이니, 곧 북부여왕이 자기 딸을 단죄斷罪해야 할 것이기 때문에 아버지의 정으로써 남몰래 딸을 도피逃避시키는 것도 있을 법한 일이다.

그렇다면 공주를 호위하고 시중 들 사람도 상당수가 따랐을 것이고, 터 잡고 살 수 있는 재물에 대한 배려도 있었을 것이다.

그리고 육촌六村의 진한유민辰韓遺民에게 이들은 고토故土 제실帝室의 혈통血統으로서 신성시神聖視 되었을 것이고, 자연스럽게 유민 집단의 구심점求心點이 되어 혁거세赫居世의 옹립擁立을 이루어낼 수 있었을 것이라는 추측이 가능하다.

그런데 전술에서 인용한 사료史料 가운데 '부여제실지녀夫餘帝室之女'란 말이 있다. 제실帝室은 곧 황실皇室이니

'제실지녀帝室之女'는 '황제의 딸'이라는 말이다. 여기에서 '북부여北夫餘를 황제의 나라로 볼 수 있는가'하는 의문이 있을 수 있다. 대체로 황제의 나라라 하면 중국을 생각하는 경향이 있는데, 중국도 황제란 위호를 쓴 사람은 진시황제秦始皇帝로부터 당시까지 10명 정도에 불과하다. 북부여北夫餘는 고조선古朝鮮의 정적正嫡으로서 단군檀君의 나라요 여러 후국侯國을 거느렸으니 실제 사용한 위호位號에 불구하고 황제의 반열班列로 보아 손색이 없다고 생각된다.

성모사 서술성모 사당. 경북 경주시 서악동 산92-1

4. 알영閼英 왕비王妃의 탄생

(1). 탄생 설화

『삼국사기』「신라시조 혁거세 거서간」조에 이르기를 "용龍이 알영정閼英井에 나타나서 오른쪽 겨드랑이로 한 여아女兒를 낳았다. 한 노파가 이를 보고 이상히 여겨 거두어 길렀다. 우물의 이름을 그 아이의 이름으로 삼았는데, 장성하니 덕과 용모가 뛰어나므로 시조 혁거세가 이 말을 듣고, 제위 5년서기전 53년 정월에 그를 맞아 왕비王妃로 삼았다. 현행賢行이 있고 내조內助를 잘하니 이때 사람들이 시조 혁거세와 아울러 두 성인聖人이라 했다."82)라고 하였다.

『삼국유사』「신라시조 혁거세왕」조에 이르기를 "당시 사람들이 다투어 치하하기를 '이제 천자天子가 이미 내려 왔으니 마땅히 덕 있는 여자를 찾아서 임금의 배필로 삼아야 하오!'라고 했다. 이날 사량리沙梁里 알영정閼英井 가에 계룡雞龍이 나타나서 왼쪽 겨드랑이로 한 동녀童女를

---

82) 『삼국사기』「신라시조 혁거세거서간」조 알영閼英 탄생誕生 설화說話 : 五年春正月 龍見於閼英井 右脇誕生女兒 老嫗見而異之 收養之 以井名名之 及長有德容 始祖聞之 納以爲妃 有賢行 能內輔 時人謂之二聖

낳았다. 자용姿容이 수려했으나 입술이 마치 닭의 부리와 같았다. 이에 월성 북천에 목욕을 시켰더니 그 부리가 떨어졌다. 이로 인하여 그 내를 발천撥川이라 한다."83)라고 하였다.

알영정 경북 경주시 탑동 67-1

---

83) 『삼국유사』「신라시조 혁거세왕」 조 알영 탄생 설화 : 時人 爭賀曰 今天子已降 宜覓有德女君配之 是日 沙梁里閼英井邊 有雞龍現而左脇誕生童女 姿容殊麗 然而唇似雞觜 將浴於月城 北川 其觜撥落 因名其川曰撥川

이 두 사료는 상호보완 관계로 보아야 할 것 같다. 다만 『삼국사기』에는 용이 나타나서 오른쪽 겨드랑이로 한 여자아이를 낳았다고 하였고, 『삼국유사』에는 계룡雞龍이 나타나서 왼쪽 겨드랑이로 한 여자아이를 낳았다고 했는데, 겨드랑이의 좌우에 특별한 의미를 둘 필요는 없을 듯하고, 용은 계룡雞龍이 맞을 듯하다.

(2). 검토 의견

　앞에서 이미 언급한 김부식 사론史論의 주장과 같이 계룡雞龍이 옆구리로 사람을 낳았다는 말을 사실史實로 믿을 사람은 아무도 없다.

　그러나 당시에는 특정인을 출생 때부터 이질적異質的인 바가 있어서 보통 사람과는 비교할 수 없는 신비성神祕性과 신성감神聖感이 있었음을 과시誇示하기 위한 수단으로 신화적神話的인 설화說話가 만들어진 듯하니 그것을 이상하게 생각할 필요는 없다. 다만 그 설화 속에 감추어진 사실史實을 밝혀내는 것이 중요하다. 알영閼英의 탄생설화 가운데 주목할 것은 '계룡雞龍은 무엇을 의미하고자 등장시킨 것'이냐 하는 점이다.

　전 2항 '서술성모 소탄설' 가운데 『삼국유사』「선도성모 수희불사」조에서 인용하여 이미 언급한 내용이지만, 본항의 설명을 위하여 그 일부를 재론再論하기로 한다. "서술성모가 처음 진한에 와서 성자聖子를 낳아 동국의 첫 임금이 되었다고 했으니 아마도 혁거세와 알영 두 성인을 낳았을 것이다. 그렇기 때문에 설화 가운데 계룡雞龍, 계림雞林, 백마白馬 등을 일컫는 것이니 이는 닭이 서쪽에 속하기 때문이다."라고 한 것이 『삼국유사』에서 인용한 부분이다. 즉 닭의 방위는 유방酉方 곧 서쪽이요, 백마白馬의 백白 또한 오방색五方色 가운데 서쪽 색이라, 계룡雞龍, 계림雞林, 백마白馬는 모두 설화 속에서 서술산西述山 성모聖母를 암시暗示하는 말이다.

또 『삼국유사』「신라시조 혁거세왕」조 탄생설화 원주 후반부에 "혁거세 탄생에서부터 계룡雞龍이 상서祥瑞로움을 나타내어 알영閼英을 낳았다는 데에 이르기까지, 또 어찌 서술성모가 나타난 바를 깨닫지 못하겠는가?"[84]라고 하여 알영閼英은 서술성모가 낳았음을 완곡婉曲히 주장하였다.

그런데 『삼국사기』에는 혁거세 거서간 5년에 알영을

---

84) 『삼국유사』「신라시조 혁거세왕」조 원주原註 : …乃至雞龍現瑞産閼英 又焉知非西述聖母之所現耶

왕비로 맞이했다는 언급만 있고 그의 출생 연도에 대한 기록은 없다. 한편 『삼국유사』「신라시조 혁거세왕」조 기사에는 "2성聖의 나이 13세에 이를 때, 오봉五鳳 원년元年 갑자甲子 서기전 57년에 남아男兒를 세워서 왕으로 삼고, 거듭하여 여아女兒로서 왕후로 삼았다."85)라고 했다. 여기에서 '2성聖의 나이 13세'는 '각각 13세'로 보아야 할 듯하다. 『삼국사기』에 혁거세 거서간 5년서기전 53년에 알영을 왕비로 맞이했다 했으니 그때 왕비의 나이가 13세였을 것이므로 이를 역산逆算하면 그의 출생 연도는 서력 기원전 65년 병진丙辰년으로 추정推定된다.

---

85) 『삼국유사』「신라시조 혁거세왕」조 : 二聖年至十三歲 以五鳳元年甲子 男立爲王 仍以女爲后

5. 혁거세赫居世의 성명과 위호位號

(1). 성姓

신라新羅에서 성性을 사용한 시기가 언제부터인가 하는 문제를 여기에서 고찰하려고 하는 것은 아니다. 다만 『삼국사기』와 『삼국유사』에서 성을 사용했다고 한 기록은 일단 인정을 하면서 그 성의 의미를 추측推測해 보고자 한다.

『삼국사기』「신라 시조 혁거세 거서간」조에 "진한辰韓 사람들은 표주박瓠을 박朴이라 했는데, 혁거세赫居世가 태어난 알의 모양이 표주박과 같이 생겼으므로 박朴으로써 성姓으로 삼았다."86)라고 하였고 『삼국유사』에도 이와 같은 내용이 수록되어있다.

난생설화卵生說話를 사실事實로 받아들이지 않으면서 그 알의 모양과 관련하여 성姓을 박朴으로 하였다는 말을 인정할 수는 없는 일이다. 그렇다면 그 성 박朴은 어떤 의미에서 취택取擇한 것일까? 필시 왕실王室과 육촌六村 사람들은 유리표박流離漂泊의 아픔을 딛고 은성殷盛한 나라

---

86) 『삼국사기』「신라 시조 혁거세거서간」조 : 辰人謂瓠爲朴 以初大卵如瓠 故以朴爲姓

를 세우려는 포부가 대단하였을 것이다. 그래서 단군조선檀君朝鮮 진한辰韓의 유제遺制에 따라 나라를 세우고 첫 임금으로 옹립擁立하는 군장君長의 성姓과 이름을 지어 바치는데 어찌 표주박과 관련하여 성姓을 지었겠는가.

이맥李陌의 『태백일사太白逸史』에 인용된 「조대기朝代記」의 기록을 보면, "고속古俗에 광명光明을 숭상崇尚하여 태양太陽을 신神으로 삼았다."[87]는 말이 있다. 그 때문에 태양, 즉 '천신天神의 은총恩寵이 내리는 밝은 땅'을 '박달朴達'이라 했는데, 이것은 전음轉音이 되어 백달白達 또는 배달倍達이라고도 했다. 여기의 '박朴'은 '밝다'는 뜻이요, '달達'은 땅을 의미하는 말이니 양달, 음달(응달), 비탈 등에서 그 예를 볼 수 있다.

북애北崖의 『규원사화揆園史話』에 "단군檀君이란 단국檀國의 임금이라는 말이다. 우리 말에 '단檀'을 '박달朴達' 혹은 '백달白達'이라 하고, '군君'을 일러 '임금'이라고 한다. 당시에 한자漢字가 없었기 때문에 단지 '박달 임금'이라 칭했는데, 후세에 역사歷史를 저술著述하는 사람이 이두문 용법으로 '박달나무단檀'자를 취하여 '단군檀君'으로 훈역

---

87) 『태백일사』에 인용된 『조대기朝代記』: 古俗崇尚光明 以日爲神

하고, 다시 전하여 후세에 이르니 다만 단군檀君이란 글자만 기록하고, 단군이 박달 임금을 훈역한 것임을 알지 못하게 되었으니 이는 한자漢字의 공功과 죄罪가 반반半半이다."88)라고 하였다.

  감히 말하건데, 박혁거세朴赫居世의 '박혁朴赫' 두 글자는 '박달朴達'의 뜻 아닌가 한다. 여기의 '박朴'자는 '밝다'는 뜻이요, '혁赫'자는 '흙土'의 뜻이라 할 것이니 흙은 곧 땅이라 이는 박달朴達, 백달白達, 배달倍達과 같은 말이므로 곧 천신天神의 은총恩寵이 내리는 '밝은 땅'이란 뜻이다. 다시 말하여 '밝은 땅'을 이두吏讀로 음역音譯한 것이 '박혁朴赫'이라 할 것이니 만약 '밝은 땅'을 한자漢字로 훈역訓譯을 한다면 '박달나무단檀'자가 될 것이요, 여기에다 '왕王'자나 '간干'자를 붙여 의역義譯한다면 '단군檀君'이 될 것이다.

  그런데 '단군檀君'의 '단檀'을 의미하는 '박혁朴赫'으로써 성姓을 정할 때 그대로 복성複姓으로 '박혁朴赫'씨라 하지 않고, '박朴'자만 성姓으로 삼았기 때문에 후세에 역사를

---

88) 『규원사화揆園史話』: 檀君者檀國之君也 而東語謂檀曰朴達 或曰白達 謂君曰王儉 當時無漢字 故只稱白達壬儉 而後世之述史者 譯以檀君 復傳至後世則 只記檀君字 而不知檀君之爲白達王儉之譯 此漢字之功罪相半也

저술하는 사람들이 '혁赫'자는 그 이름 '거세居世'의 앞으로 옮겨 붙여 '혁거세赫居世'로 하였다고 생각한다. 만약 그렇지 않고 본래부터 이름이 '혁거세赫居世'였다면 그의 위호位號도 '혁거세간赫居世干'이었을 것이다. 당시에는 이름과 별도로 위호가 있지 않고 이름에 제왕의 의미인 '간干'을 붙여서 위호로 사용했을 것이기 때문이다.

숭덕전 신라 시조 박혁거세 거서간의 사당(廟).
경북 경주시 탑동 77번지. 경상북도 문화재자료 제254호

(2). 이름과 위호位號

『삼국사기』에 "신라 시조의 성은 박朴씨요, 휘諱는 혁거세赫居世요, 위호位號는 거서간居西干이다."89)라고 했다. 『삼국유사』에는 "이에 이름을 혁거세왕이라 했다."라고 하고, 그 원주原註에 "모두 향언鄕言이다. 혹은 불구내왕弗矩內王이라고도 한다. 밝게 세상을 다스린다는 말이다."라고 하였다. 물론 여기의 '왕王'자는 이름이 아니다. 또 "위호는 거슬한居瑟邯이라 했다."라고 하고, 그 원주에 "혹은 거서간居西干이라고도 한다."90)라고 했다. 이를 정리해 보면 휘諱, 즉 이름은 혁거세赫居世 또는 불구내弗矩內이고, 위호位號는 거서간居西干 또는 거슬한居瑟邯이다.

이름인 혁거세赫居世의 '혁赫'에 대하여는 이미 전술前述한 바 있고, '거세居世'는 위호 거서간居西干의 '거서居西'와 같은 말이므로 그 설명은 다음에서 위호와 동시에 하기로 한다.

건국 초기에는 임금의 이름과 위호位號가 따로 있지 않고 다만 이름에다 군주의 뜻인 '왕' 또는 '간干'을 붙여

---

89) 『삼국사기』 「신라 시조 혁거세거서간」 조 : 始祖姓朴氏 諱赫居世…位號居西干
90) 『삼국유사』 「신라 시조 혁거세왕」 조 : 因名赫居世王(註)盖鄕言也. 或作弗矩內王 言光明理世也…位號曰居瑟邯 (註)或作居西干…

불렀기 때문에 위호가 이름과 같을 수 있다고 하겠다. 또 다른 이름 '불구내弗矩內'는 읽을 때 '불구弗矩' 두 자는 이두로 음을 취한 것이고, '내內'는 훈으로 '안'을 취한 것이므로 그렇게 읽으면, '붉안' 즉 '밝은'이 되니 곧 광명이세光明理世의 뜻이요 '박혁朴赫', 즉 '밝은 흙(땅)'과 상통相通하는 말이기 때문에 원주原註에서 "혹은 그렇게도 부른다."고 한 것이리라. 또 혁거세왕赫居世王, 불구내왕弗矩內王 등 이름 끝에 '왕王'자를 붙인 것은 당시에 시호제도諡號制度가 없었기 때문에 특정 왕을 지칭하려면 그 이름에 작위인 왕王자를 붙여 지칭할 수밖에 없었던 시대의 상황을 반영한 것이라 할 것이다.

그리고 위호 거서간居西干에 대하여 『삼국사기』에서는 "진한辰韓 말로 왕王이라는 말이다."라고 하고, 그 주에서 "혹은 귀인貴人의 칭호"라고도 했다. 『삼국유사』에는 혁거세, 불구내를 모두 향언鄕言이라고 했다. 여기의 진한辰韓과 향鄕은 모두 지금의 경주지역慶州地域을 지칭하는 말 같은데, 이에 대한 견해는 후술後述에서 밝히기로 한다. 또 거슬한居瑟邯은 거서간居西干과 같은 말인데, 그것을 기록하는 사람의 이두문吏讀文 용자用字의 선택選擇이 달랐기 때문에 다른 말인 것처럼 보일 뿐이다.

신단재申丹齋의 『한국사연구초韓國史研究草』를 읽다가 「고사상古史上 이두문吏讀文 명사名詞 해석법」 설명 가운데 다음과 같은 내용이 수록되었음을 보았다.

"저자著者가 연전에 북경北京 순치문내順治門內 석등암石燈庵에서 우거寓居할 때 일찍이 동몽고東蒙古 승僧을 만나 동·서·남·북을 가리키며 몽고말로 무엇이냐 물은즉, '동은 준라, 서는 열라, 남은 우진라, 북은 회차'라 하여 그 명칭이 고구려高句麗의 순나順那, 연나涓那, 관나灌那, 절나絶那 등 동서남북 4부와 비슷하므로 매우 경기驚奇하여, 인하여 한자로써 서로 문답問答하다가 원태조元太祖 황제를 '성길사한成吉思汗'이라 칭한 뜻을 물은즉, '성길成吉'은 몽고말로 '싱크'이니 '최대最大'라는 뜻이요, '사思'는 음音이 '쓰'니 '위권威權'이란 뜻이요, '한汗'은 '칸'이니 '제왕帝王'의 뜻이라 '성길사한成吉思汗', 즉 '싱크쓰칸'은 곧 '무상최대無上最大의 위엄威嚴과 권세權勢를 가진 제왕帝王'이란 뜻이라 한다. '싱크'는 대개 조선고어朝鮮古語의 '신크'가 변화한 것이니 삼국三國 이두문吏讀文 학자學者의 붓으로 원태조元太祖의 칭호를 쓰게 한다면 '태대사太大思'라 할지로다."라고 하였다.

필자筆者가 이것을 보니 생각나는 것이 있었다. 원태조

元太祖의 칭호 성길사한成吉思汗을 몽고어로 말하면 '싱크쓰칸' 또는 '징기쓰칸'인데, 이를 혁거세의 위호 '거서간居西干' 또는 '거슬한居瑟邯'과 비교 검토해보는 것이다.

혁거세의 이름인 동시에 위호인 '거서(세)간居西(世)干' 또는 '거슬한居瑟邯'은 원태조元太祖의 칭호 '싱크쓰칸' 또는 '징기쓰칸'의 네 글자 가운데 '아주 큰太'의 뜻이 있는 '싱(징)' 한 글자를 생략하고 '큰大'의 뜻이 있는 '크(기)' 이하 세 글자, 즉 북방어 '크(기)쓰칸'을 이두로 음역한 것이라 추정할 수 있고 또 그것은 아주 오랜 옛날부터 북방에서 널리 사용되던 말이었음을 짐작할 수 있다.

이를 다시 정리하면 원태조의 '싱크쓰칸' 또는 '징기쓰칸'은 '크나큰 위엄과 권세가 있는 제왕'의 뜻이 있는데 박혁거세의 '거서(세)간' 또는 '거슬한'은 그것과 달리 '큰 위엄과 권세가 있는 제왕'의 뜻이라 하겠다. 이렇게 볼 때 거서간이란 위호는 육촌의 진한 유민과 왕실이 상의하여 고토故土 북방어北方語로써 정한 것인데, 후세에 역사를 기록하는 사람들이 그것을 이두로 음역音譯 표기하였음이 틀림없다고 생각된다. 만약 그렇지 않았다면 당시로부터 1200년이 지난 뒤의 인물인 원태조의 칭호 '싱크쓰칸'에서 어찌 박혁거세의 위호 '거서간居西干'의 뜻을 확인할 수 있었겠는가.

 따라서 거서간居西干이란 말은 서라벌 지역의 말이 아니니 향언鄕言이란 말은 적절하지 않을 듯하고, 후삼한後三韓의 진한어辰韓語로 생각하는 것도 옳지 않을 듯하다.

 그리고 혁거세赫居世의 '거세居世'와 거서간居西干의 '거서居西'는 본래 같은 말인데 술사자述史者가 이름과 위호의 구별을 위하여 한 글자를 바꾸어 놓은 듯한 감이 없지 않다.

6. 국호國號와 도성都城

(1). 국호國號

우리의 고대문화는 대체로 강변江邊에서 발상發祥하였다. 북부여는 송화강변에서, 고구려는 비류수변에서, 백제는 한수변에서, 금관가야는 낙동강변에서 각각 일어났고, 신라新羅는 '새라(현, 형산강 상류)'가에서 일어났다. 그 '새라'의 '새'는 우리의 고어古語에 동쪽을 말하는 것이고, '라'는 강江 또는 내川의 고음古音이니, '새라'는 곧 '동쪽 내'라는 의미의 천명川名이다. 금호강변琴湖江邊에 금호읍琴湖邑이 있는 것처럼 그때에도 '새라'가에 '새라불'이 있었고, 그것이 도읍都邑의 명칭이 되고 또 나라의 이름이 되었다.

신라新羅의 국호는 서라벌徐羅伐, 서나벌徐那伐, 서야벌徐耶伐, 서벌徐伐, 사라斯羅, 사로斯盧, 계림雞林 등으로도 불리었다. 이처럼 국호國號가 여러 가지로 통용通用된 것은 국호를 문자文字로 확정確定하지 않고 단지 말로만 '새라'로 정했기 때문에 이두문吏讀文을 사용하게 되자 그것을 이두자吏讀字로 표기表記하는 과정에서 표기하는 사람의 용자用字 선택選擇에 따라 다르게 표기되기도 하였고, 또 그것을 그런대로 인정하고 유통流通하였기 때문이라 생각된다. 신라新羅는 신新자의 훈訓이 '새'이니 그 훈을 취하여 '새라'를 이두로 표기한 것이다.

『삼국사기』「신라 지증왕 4년서기 503년」 조에 이르기를, 국호 '신라'는 '덕업이 날로 새로워지고 사방을 망라한다德業日新 網羅四方'는 말의 의의를 취하여 사용하게 된 것이라고 하였다. 그러나 그것은 사실이 아니라고 생각한다. 그 덕업일신德業日新 망라사방網羅四方은 후세의 술사자述史者가 부회 附會한 것일 뿐 신라를 국호로 사용하기 시작한 것은 그보다 오래전부터다. 기림이사금基臨尼師今 10년307년에 "국호를 다시 신라로 하였다復國號新羅"고 했는데, 여기의 '다시'라는 말은 과거에 사용했다가 사용하지 않게 된 것을 다시 사용했다는 말이다. 이를 미루어 보면 국호 신라는 건국 초기부터 사용되었던 것으로 짐작되는데, 신라를 처음 국호로 시행할 당시는 전술한 바와 같이 '새라', 즉 '동쪽 내'의 이두 표기일 뿐 한문으로 지은 국호가 아닌데, 어찌 거기에 덕업일신德業日新 운운하는 뜻을 담았다고 할 수 있겠는가. 아마도 지증왕 때 이미 이두문 용법에 따라 부르던 국호 '새라'를 한문 독법으로 '신라'로 바꾸어 쓰게 되면서 덕업일신德業日新

망라사방網羅四方이란 말을 부회附會한 듯하다.

신단재申丹齋의 『한국사연구초韓國史研究草』 고사상古史上 이두문吏讀文 명사名詞 해석법에서 동명이자同名異字를 호증互證함에 "라羅, 량良, 로盧, 노奴, 누婁, 나那, 아牙, 양壤, 야耶, 야邪 등은 모두 '라'로 읽어야 할 자字이니, '라'는 '내' 곧 '천川'의 '의義'이다."라고 하고, 또 "부여扶餘와 추화推火, 음집화音汁火 등의 '화火'와, 사벌沙伐, 서라벌徐羅伐 등의 '벌伐'은 모두 '불'로 읽을 자字이니, 불은 평지平地의 뜻이요 도회都會의 뜻이다."라고 하였다.

이 견해에 따르면 서라벌徐羅伐, 서나벌徐那伐, 서야벌徐耶伐의 라羅, 나那, 야耶는 글자의 다름에 관계없이 모두 '라'로 읽고, 벌은 '새라' 가의 원야原野를 지칭하는 말이므로 그 모두를 '새라불'로 읽을 것이요, 신라新羅, 사라斯羅, 사로斯盧는 모두 '새라'로 읽을 것이요, 서벌徐伐 역시 동쪽 원야原野, 즉 '새라 가의 불'이란 말이므로 '새불'로 읽을 것이다.

그리고 국호 계림雞林에 대하여 『삼국사기』와 『삼국유사』에 의하면, 계림은 본래 시림始林이었는데 알지閼智의 출현出現 때 흰닭白雞이 울었다 하여 그 이름을 계림으로 바꾸고 국호로 삼았다고 했다.

(2). 도성都城

『삼국유사』「신라시조 혁거세왕」 조에 의하면 "남산南山 서쪽 기슭에 궁실宮室을 세우고 두 성아聖兒를 봉양奉養했다."고 하고, 주註를 붙여 '그 위치는 지금의 창림사昌林寺 자리'라고 했다.91) 창림사는 그 후세에 없어지고 경주시 탑동에 창림사지昌林寺址만 남아있는데, 포석정지鮑石亭址의 북동쪽 약 1Km 지점이다.

금성 옛터 금성 옛터에 세워진 창림사 3층석탑
경북 경주시 탑동 창림사지昌林寺址

---

91)『삼국유사』「혁거세왕」 조 : 營宮室於南山西麓 奉養二聖兒 (註)今 昌林寺.

『삼국사기』「시조 혁거세 거서간」조에 의하면, 시조가 이곳에서 나라를 세우고 거서간居西干이 되어 재위在位 21년서기전 37년에 '그곳에 도성都城을 쌓아 금성金城이라 칭하고', 재위 26년서기전 32년에 '금성에 궁실宮室을 지었다'[92]라고 하였으니 아마도 국초國初에 세웠다는 궁실을 증·개축增·改築하여 이때에 이르러 궁실의 면모를 갖추었다는 말인 듯하다.

　여기에서 금성金城의 의미를 잠시 살펴볼 필요가 있겠다. 금성金城은 금으로 축조한 성이란 뜻이 아니요, 쇠같이 튼튼한 성이란 뜻도 아니다. 금성은 당시의 말로 '검재'란 말을 이두로 쓴 것이다. 고어古語에 신神을 검, 곰, 감, 갬, 굼 등으로 불렀고, 당시는 제정일치祭政一致시대였을 것이므로 검재의 '검'은 '신神'을 의미하는 말이요, 그곳은 삼신三神에 제사 지내는 곳일 것이니 금성金城은 곧 작은 아사달阿斯達이요 왕검성王儉城의 의미가 있다고 생각된다.

　『삼국사기』「신라 시조 혁거세거서간」조에 "양산楊山 기슭 나정蘿井 곁의 숲 사이를 바라보니 '望楊山麓 蘿井

---

92)『삼국사기』「혁거세거서간 21년」조 : 築京城號曰金城
　·동 26년 조 : 營宮室於金城

傍林間'"라고 한 구절을 보면 별도의 설명 없이도 여기의 양산楊山이 바로 남산南山이요, 금오산金鰲山임을 알 수 있다. 그런데 그것을 한문漢文 독법讀法으로 읽으니 양산이지 본래는 이두용법吏讀用法에 따라 한자漢字의 훈訓을 빌려 표기表記한 것으로 버들뫼, 즉 배달뫼, 또는 박달뫼로 읽었을 것이다. 박달朴達 또는 배달倍達은 금성金城에서 삼신三神에 제사 지내는 곳일 것이니 '하늘의 은총이 가득한 단군檀君의 아사달阿斯達'과 같은 곳이라 생각된다.

또 금오산金鰲山의 의미를 생하여 보자. 금오산金鰲山의 '금金'자는 '신神'을 의미하는 '검'을 이두로 음音을 취하여 표기한 것이요, '오鰲'자는 조선 정조 때 편찬한 『전운옥편全韻玉篇』에 의하면 '등에 삼신산을 지고 있는 바다의 큰 자라오 海中大鼈背負三神山'자이니, 이는 이두로 그 훈訓 '큰 자라'를 취하여 '큰 자리'의 뜻으로 표기한 것이라 생각된다. 그 뜻을 보면 '삼신三神에 제사 지내는 큰 자리', 즉 '대신단大神壇'의 뜻이 되는 것이니 이것 또한 아사달阿斯達의 의미가 되므로 양산楊山과 금오산金鰲山은 표기表記만 다를 뿐 뜻은 같다고 할 것이다.

『삼국사기』「파사이사금婆娑尼師今 22년101년」 조에 "2월에 궁성宮城을 쌓아 월성月城이라 이름하고 7월에 왕이 월성으로 이거移居하였다."93)고 했으니 신라가 금성에 도읍한 것은 축성築城 전·후를 합하여 모두 157년간이라 하겠다. 또 그 『지리지地理志』에는 "금성金城 동남쪽에 성을 쌓아 월성月城이라 이름하고, 혹은 재성在城이라고도 불렀다."94)라고 하였는데, 여기의 '금성 동남쪽'은 잘못이고, 금성의 북동쪽이다. 여기에서 말하는 월성月城이 일반적으로 알려진 신라 궁성 반월성이다. 월성月城의 북쪽에는 만월성滿月城이 있었고, 월성의 동쪽에는 명활성明活城이 있었고, 월성의 남쪽에는 남산성南山城이 있었다. 시조 이래로 임금은 금성에 거처하였고, 후세에 이르러서는 두 월성에 거처할 때가 많았다고 한다.

그런데 신라 도성의 이름인 월성月城, 만월성滿月城 등에 달월月자를 쓴 이유가 무엇일까? 과연 세상에서 말하는 것처럼 그 지형地形이 반달같이 생겨서 반월성半月城, 또는 둥근달 같이 생겨서 만월성滿月城이라 했을까?

그것은 보는 사람의 관점觀點에 따라 다르게 보일 수도 있을 것이다. 우리의 고어古語에 '근원根源'을 '쓸'이라 했다. 도성都城은 곧 국토國土의 근원인 동시에 천하天下의

---

93) 『삼국사기』「파사이사금婆娑尼師今 22년(101년)」: 春二月築城名月城 秋七月王移居月城
94) 『삼국사기』 地理志 : 於金城東南築城 號月城 或號在城

근원이라는 의미에서 '쏠재'라 하고, 이를 이두吏讀로 표기表記함에 달월月자의 훈訓과 재성城자의 훈訓을 취하여 '달재月城'라 훈독訓讀하던 것을 후세에 이르러 한문漢文 독법讀法으로 음독音讀함으로써 월성月城이 되고, 또 기존 월성과 구분하기 위하여 그 형용形容을 반半, 만滿 등으로 표시한 것이 아닐까. 부여扶餘의 반월성半月城과 개성開城 만월성滿月城의 달월月자 역시 '근원根源'의 의미를 담아서 선택된 글자가 아닐까 하는 생각을 하게 된다.

신라 왕궁 월성(月城) 옛터

7. 사기史記에 기록되지 않은 역사歷史

박혁거세가 육촌 사람들의 열렬한 비호庇護와 추대推戴를 받아 거서간居西干에 오를 수 있었던 이유가 무엇일까. 『삼국사기』와 『삼국유사』에는 그 대답을 '난생설화卵生說話'로써 갈음하였다. 그러나 난생설화는 후세에 만들어진 것일 뿐 실제의 사실일 수는 없는 것이므로 결국 『삼국사기』나 『삼국유사』에는 그 답을 기록하지 않았다.

박혁거세를 군주로, 그것도 출생에서부터 13세에 이르도록 비호하며 기다려서 추대한 데는 분명 누구도 부정否定하기 어려운 명분名分과 당위성當爲性이 있었기 때문이라 생각된다. 그런데 그 명분과 당위성의 실체實体를 사기史記에는 밝히지 않았다. 그것을 밝혀버리면 박혁거세의 난생설화가 성립될 수 없기 때문이다. 그래서 육촌 사람들이 박혁거세를 옹립擁立한 명분과 당위성을 난생설화로 덮어버린 것이다.

박혁거세의 난생설화는, 그의 출생을 신이神異하게도 알卵에서 나왔다고 세상에 널리 알리면서 '하늘이 세상을 구제救濟하기 위하여 제왕帝王이 될 사람을 신비한 방법으로 세상에 내려보냈음'을 부각시킴으로써 누구도 박혁거세의 권위에 감히 도전할 마음을 갖지 못하도록 하기 위한 당시 사람들의 책략策略이었다고 말할 수 있으리라.

여기에서는 신라 건국사에 기록되지 않은 역사를 추찰推察하여 보기로 한다.
먼저 서술성모가 북부여를 떠날 때의 상황을 생각해 보자. 서술성모가 망명도주亡命逃走하게된 이유를 사료史料에서는 모두 '불부이잉不夫而孕'이라 했다. 즉 결혼하지 않은 처녀가 잉태했다는 것이다. 그 당시 북부여는 국속國俗으로 "간음한 남녀와, 부녀로서 투기하는 자는 사형에 처하고 그 시체는 장사지내지 않고 산에 버린다."고 하였다. 그러니 공주라 하더라고 국법 어긴 사실이 세상에 밝혀진다면 단죄斷罪를 피하기 어려울 것이고, 또 왕실王室의 힘으로 그것을 끌어 덮으려 하다가 자칫하면 왕실의 권위가 크게 손상입을 수도 있을 터였다. 그런 처지였으니 어려움을 피하는 방책으로 당사자의 망명도주亡命逃走를 선택하였을 것이다. 공주가 그러한 결심을 하는 과정에는 필시 부왕父王의 관여와 배려配慮가 있었다고 생각된다.

  공주의 망명 결심 가운데 부왕의 관여에 의한 결정이라고 보는 사항은 망명처亡命處를 남쪽 진한지역辰韓地域, 즉 지금의 경주지방으로 정한 것이다. 이 지역은 전삼한前三韓의 진한유민辰韓遺民들이 집단이주하여 진한이란 이름으로 연맹체를 이루고 사는 곳이므로 전삼한 가운데 진한의 직할지역이요 고조선의 정적正嫡이라 할 수 있는 북부여北扶餘 사람들과는 동질성同質性이 짙어서 융화가 쉬울 것으로 예상되는 바, 이는 열국列國의 맹주격인 부왕父王의 열국 정세에 대한 정보력情報力에 의해 결정한 것으로 보아 틀림이 없을 것이다. 또 망명 도주하는 공주의 일행이 유리걸식하며 초라한 행색으로 진한지역을 찾아갔다고 가정해 보면, 두말할 것 없이 걸객乞客 취급을 받아 진한 사람들의 관심 밖으로 밀려나 비참한 생활을 할 수밖에 없을 것이라는 예상이 가능하다. 이 점을 염려한 부왕이 특단의 조치로써 공주를 호위하고 시중 들 사람들과 함께 새터를 잡아 구애 없이 살 수 있는 재물의 배려를 하였을 것으로 추측할 수 있다.

  죄를 지어 도주하는 자식일지라도 돌아올 기약 없이 멀고 험난한 길을 떠나는데 무심無心할 수 없는 것이 부정父情의 상예常例가 아니던가. 범부凡夫라도 자식이 정처 없이 이역만리 망명길을 떠난다면 능력껏 그 어려움을 덜어주고자 할 것인데, 하물며 제왕帝王의 능력이니 어떻게 했을지 짐작이 가능할 것이다.

앞의 '서술성모 소자출'에 대한 검토 의견에서 언급한 바와 같이 서술성모는 부왕의 배려로 무사들의 호위를 받으면서 좌우에 시중 들 사람들을 거느리고 진한지역을 찾아갔기 때문에 진한 사람들의 관심을 받았음은 물론, 망명 도주한 북부여 공주임이 인정되었을 것이다. 그래서 진한 육촌 사람들에게는 고토故土 제실帝室의 혈통血統으로 신성시神聖視되었을 것이고, 자연스럽게 유민 집단의 구심점求心點이 되어 박혁거세의 옹립擁立을 이루어낼 수 있었다고 추측할 수 있다.

그렇지 않다면 13세 어린아이 박혁거세가 어떻게 군주君主로 추대될 수 있었겠는가. 군주가 되고 싶은 사람은 세상에 많고 많을 것인데, 그것도 단순 추대가 아니고 출생 때부터 육촌 사람들이 군주로 추대할 것을 의논하고 비호하면서 13년 동안 자라도록 기다려서 추대했다고 했으니, 이는 '고국故國 조선朝鮮의 정적正嫡인 북부여北扶餘의 제왕帝王이자 대단군大檀君의 혈통血統인 박혁거세를 하늘이 진한으로 보내 주셨으니 우리 진한 사람들은 당연히 그를 군주로 받들어야 한다'는 것이 명분名分과 당위성當爲性으로 작용作用했다고 볼 수밖에 없다 하겠다.

단재丹齋는 『조선상고사』에서 "(신라)시조 혁거세는 곧 고허촌장 소벌공의 양아養兒인 바…"라고 하고 또 "새라부장고허촌장의 양자養子인 박혁거세가 육부의 총왕總王이 된 고로…"라고 하여 박혁거세를 소벌공의 양자로 보았다. 이는 『삼국사기』「신라시조 혁거세거서간」 조에 "고허촌장 소벌공이 양산 기슭을 바라보니 나정 곁 숲 사이에서 말이 무릎을 꿇고 울고 있었다. 그곳에 가보니 갑자기 말은 보이지 않고 큰 알만 있으므로 그것을 갈라보니 속에서 어린아이가 나왔다. 곧 거두어서 길렀더니 10여 세가 되자 유달리 숙성하였다."[95]라고 한 것에 근거한 말인 듯하나 그것은 잘못 본 것이다. 『삼국사기』의 "거두어 길렀다."고 한 말은 난생설화의 일부일뿐, 실제로 소벌공이 혁거세를 거두어 길렀다는 뜻으로 한 말은 아닐 것이다. 만약 그와 같이 기록하지 않고, 혁거세를 생모가 길렀다고 하면 난생설화는 성립될 수 없기 때문

---

95) 『삼국사기』「신라 시조 혁거세거서간」 조 : 高墟村長蘇伐公 望楊山麓 蘿井傍林間 有馬跪而嘶 則往觀之 忽不見馬 只有大卵 剖之 有嬰兒出焉 則收而養之 及年十餘歲 岐嶷然夙成

이다.

진한의 여섯 촌장 가운데 혁거세의 난생설화에 특별히 소벌공을 언급한 것은 서술성모가 진한 땅에 자리 잡고 살도록 하는데 소벌공의 각별한 지원이 있었기 때문이라 생각된다. 만약 박혁거세가 고허촌장 소벌공의 양자養子가 되어 양육을 받는 등 남에게 의지하여 자라났다면, 육촌 사람들에게 초라하고 가볍게 보여서 신성시하거나 경외敬畏하는 마음이 돈독하지 못했을 것이고, 어린 나이에 거서간에 추대되는 것 또한 쉽지 않았을 것이다. 따라서 박혁거세는 생모인 서술성모의 국육鞠育을 받으면서 주위로부터 신성시되어 존경과 기대 속에서 자랐을 것으로 보는 것이 옳을 듯하다.

그리고 『삼국유사』「선도성모수희불사仙桃聖母隨喜佛事」조를 보면 "부황父皇이 솔개 발에 매달아 부친 편지에 이르기를 '솔개가 머무는 곳에 집을 지으라' 했다. 사소娑蘇는 그 편지를 보고 솔개를 놓아 보내니 이 산선도산에 날아와서 멈췄으므로 드디어 거기에 가서 살아 지선地仙이 되었다. 때문에 산 이름을 서연산西鳶山이라 했다."96)라고

---

96) 『삼국유사』「仙桃聖母隨喜佛事」條 : 父皇寄書繫鳶足云 隨鳶所止爲家 蘇得書放鳶 飛到此山而止 遂來宅爲地仙 故名西鳶山

한 구절이 있다. 서술성모와 부황父皇 사이에 서로 연락이 있어서 부황이 공주인 서술성모에게 조언助言을 했다는 말인 것 같은데, 달리 사료史料가 없으니 과연 그러한 연락이 이루어졌는지 확인하기는 어렵다. 다만 전술한 추론推論대로 서술성모가 북부여 고두막한高豆莫汗의 딸이 맞다면, 범장范樟의 『북부여기』에 "고두막한이 서기전 60년에 붕어했다."고 하였으니 시기상으로는 서로 연락이 가능하였다고 보인다.

또 거기에는 다음과 같은 구절이 있다. "성모聖母는 일찍이 제천諸天의 선녀仙女로 하여금 비단을 짜게 해서 붉게 물들인 조복朝服을 만들어 남편에게 주었으니, 나라 사람들은 이로 인하여 비로소 신통한 영험을 알게 되었다."97) 이 구절의 '서술성모가 남편의 붉은 조복을 지어 주었다'는 말에서 박혁거세의 아버지인 남편과 동거하고 있었다는 사실과 그 남편이 조정의 관직에 있었음을 짐작하게 된다.

그렇다면 박혁거세의 아버지는 누구인가.

현존現存 사서史書에는 기록된 곳이 없다. 전술에서 언

---

97) 『삼국유사』「仙桃聖母隨喜佛事」條 : 嘗使諸天仙織羅 緋染作朝衣贈其夫 國人因此始知神驗

급한 바와 같이 서술성모가 망명 도주할 때 필시 박혁거세의 아버지 되는 분도 같이 망명 도주하였을 것인데, 난생설화에 철저히 묻혀 버렸다. 서술성모의 경우도 난생설화 때문에 감춰진 것은 마찬가지다. 하지만 전술에서 언급한 바와 같이, 사론史論에서 박혁거세의 생모生母임을 시사示唆한 바가 있고, 또 난생설화에 백마白馬를 등장시켰고, 알영閼英의 출생설화에는 계룡雞龍을, 알지閼智의 출생설화에는 백계白雞를 각각 등장시켰다. 그 백마白馬의 '백白'은 오방색五方色 가운데 서쪽 색이요, 계룡雞龍의 '계雞'는 '유酉'이니 '유酉'방方은 서쪽이요, 백계白雞의 '백白'은 서쪽이요, '계雞' 또한 서쪽이라 모두 서악西岳의 서술성모西述聖母를 암시暗示한 것임을 짐작할 수 있다.

이와 같은 맥락에서 볼 때 박혁거세 생부生父의 경우도 그것을 추정推定할 수 있는 암시暗示가 필시 있었을 것으로 생각한다. 『삼국사기』「신라 시조 혁거세거서간」조에 "진한 사람들은 표주박瓠을 박朴이라 하였는데, 혁거세가 태어난 그 알 모양이 표주박과 같이 생겼기 때문에 박朴으로써 성姓을 삼았다."[98]라고 하고, 또 "호공이란

---

98) 『삼국사기』「신라 시조 혁거세거서간」조 : 辰人謂瓠爲朴 以初大卵如瓠 故以朴爲姓

사람은 그 족성族姓이 상세하지 않으나 본래 왜인倭人으로 처음에 '표주박瓠'을 허리에 차고 바다를 건너온 까닭으로 호공瓠公이라 이름했다."[99]라고 했다. '표주박瓠'을 '박朴'이라 하였다면 호공瓠公을 박공朴公으로 보아도 무방하지 않을까.

  서라벌이 건국 초부터 육촌 사람들을 제쳐놓고 왜인倭人을 고위 관직에 등용할 만큼 개방적이었나 하는 의문이 풀리지 않아서 혹, 왜인倭人을 외래인外來人의 오기誤記로 보면 어떨까 하는 생각을 해본다.

---

[99] 『삼국사기』「신라 시조 혁거세거서간 38년」조 : 瓠公者未祥 其族姓 本倭人 初以瓠繫腰 度海以來 故稱瓠公

Ⅳ. 알지閼智 대보大輔의 출현出現

1. 알지閼智의 탄생 설화說話

　알지의 탄생 설화는 『삼국사기』와 「삼국유사」에 전하는데, 그 양서兩書의 기록은 상호 보완補完 관계이기 때문에 상고詳考를 위하여 모두 제시提示하기로 한다.
　먼저 『삼국사기』의 설화說話를 보면, "탈해이사금脫解尼師今 9년서기 65년 3월 어느 날 밤에 왕이 금성金城 서쪽 시림始林 나무 사이에서 닭울음 소리를 듣고 동틀 무렵에 호공瓠公을 보내서 그것을 살펴보게 하였다. 그가 시림始林에 가서 보니 작은 금독金櫝이 나뭇가지에 매달려 있고 그 아래에 흰 닭이 울고 있었다. 호공이 돌아와서 고하니 왕이 사람을 시켜서 그 금독을 가져오게 한 다음 이를 열어보니 그 속에 어린 사내아이가 있었는데, 용모가 기이하게 뛰어났다. 왕은 크게 기뻐하며 좌우에 이르기를 '이 어찌 하늘이 나에게 아들을 보내 준 것이 아니라 하겠는가.'하고 거두어 길렀는데, 자라서 장성하게 되니 총명하고 지략이 많았다. 이에 이름을 알지閼智라 하고 그가 금독金櫝에서 나왔으므로 성姓을 김金씨라 했다. 시림始林의 이름을 계림雞林으로 고치고, 이로써 국호國號로 삼았다."100)라고 하였다.

또 「미추이사금味鄒尼師今」조에 "그의 선조 알지는 계림에서 출생한 것을 탈해왕이 거두어 궁중에서 길렀는데, 뒤에 대보大輔 벼슬에 올랐다. 알지는 세한勢漢을 낳고, 세한은 아도阿道를 낳고, 아도는 수류首留를 낳고, 수류는 욱보郁甫를 낳고, 욱보는 구도仇道를 낳았는데, 구도는 곧 미추味鄒의 아버지다. 첨해이사금沾解尼師今에게 아들이 없었으므로 나라사람들이 미추를 임금으로 세웠는데, 이것이 김金씨가 나라를 맡게 된 처음이다."101)라고

---

100) 『삼국사기』「脫解尼師今 九年春三月」條 : 王夜聞金城西 始林樹間 有雞鳴聲 遲明遣瓠公視之 有金小櫝掛樹枝 白雞鳴於其下 瓠公還告 王使人取櫝開之 有小男兒在其中 姿容奇偉 上喜謂左右曰 此豈非天遺我以令胤乎 乃收養之 及長聰明多智略 乃名閼智 以其出於金櫝 姓金氏 改始林名雞林 因以爲國號
101) 『삼국사기』「味鄒尼師今」條 : 其先閼智出於雞林 脫解王得之 養於宮中 後拜爲大輔 閼智生勢漢 勢漢生阿道 阿道生首留 首留生郁甫 郁甫生仇道 仇道則味鄒之考也 沾解無子 國人立味鄒 此金氏有國之始也

하였다.

계림비각 경주시 교동 계림(雞林 : 사적 제19호)숲 속에 있음

 다음으로 『삼국유사』「김알지金閼智 탈해왕대脫解王代」조의 설화說話를 보면, "영평永平 3년 경신庚申:서기 60년 8월4일에 호공瓠公이 밤에 월성月城 서리西里를 지나는데, 크고 밝은 빛이 시림始林 속에서 비치는 것이 보였다. 자

줏빛 구름이 하늘에서 땅으로 뻗쳤는데 그 구름 속에 황금궤黃金櫃가 나뭇가지에 걸려 있었다. 그 빛은 궤 속에서 나오고 있었는데, 흰 닭이 나무 아래에서 울고 있었다. 호공이 이 상황을 왕에게 아뢰었다. 왕이 그 숲으로 가서 궤를 열어보니 그 속에 사내아이가 누워있다가 즉시 일어났다. 이것은 마치 혁거세赫居世의 고사故事와 같았으므로 그 말에 따라 아이의 이름을 알지閼智라 하였다. 알지는 향언鄕言으로 소아小兒를 일컫는 말이다. 그 아이를 안고 대궐로 돌아오니 새와 짐승들이 서로 따르면서 기뻐하고 뛰어놀고 춤을 췄다.

왕은 좋은 날을 가려 그를 태자太子로 책봉했다. 그는 뒤에 태자의 자리를 파사婆娑에게 양위讓位하고 왕위王位에 오르지 않았다. 금궤金櫃에서 나왔다 하여 성姓을 김金씨라 했다. 알지閼智는 열한熱漢을 낳고, 열한은 아도阿都를 낳고, 아도는 수류首留를 낳고, 수류는 욱부郁部를 낳고, 욱부는 구도俱道를 낳고, 구도는 미추未鄒를 낳았다. 미추가 왕위에 올랐다. 신라의 김金씨는 알지閼智로부터 비롯된 것이다."102)라고 했다.

---

102) 『삼국유사』「金閼智 脫解王代」條 : 永平三年庚申八月四日 瓠公夜行月城西里 見大光明於始林中 有紫雲 從天垂地 雲中有 黃金櫃 掛於樹枝 光自櫃出 亦有白雞鳴於樹下 以狀聞於王 駕

이상에서 본 알지關智의 탄생설화誕生說話는 아마도 파사이사금婆娑尼師今 22년서기 101년에 월성月城을 축성하여 도읍을 옮긴 뒤에 성립된 것으로 짐작된다. 시림始林은 곧 뒷날의 계림雞林인데, 그곳은 금성金城에서 북쪽으로 십 리가량 떨어져 있다. 때문에 금성에서는 그곳에서 닭 우는 소리를 들을 수 없는 거리인데도 『삼국사기』의 설화에는 시림을 금성 서쪽이라 기록하여 닭 우는 소리를 들을 수 있는 것처럼 기술해 놓았다. 그것은 시림과 월성이 인접하여 시림에서 닭 우는 소리를 월성에서 들을 수 있을 것이라는 생각을 시림과 금성 사이에도 그대로 적용한 소치所致일 것이다. 또 『삼국유사』의 설화에 탈해이사금 당시에는 생겨나지도 않은 '월성月城 서리西里'란 말이 나오는 것은 월성으로 도읍을 옮긴 뒤에 성립된 설화이기 때문에 그 설화 성립 당시의 배경을 무의식적으로 반영하게 된 것이리라.
 어차피 설화 자체가 역사는 아니다. 하지만 역사상의 설화 속에는 반드시 역사의 진실이 숨겨져 있으므로 지

行其林 開櫃 有童男 臥而即起 如赫居世之故事 故因其言 以關智名之 關智即鄉言小兒之稱也 抱載還闕 鳥獸相隨 喜躍蹌蹌 王擇吉日 冊位太子 後讓於婆娑 不即王位 因金櫃而出 乃姓金氏 關智生熱漢 漢生阿都 都生首留 留生郁部 部生俱道 道生未鄒 鄒即王位 新羅金氏自關智始

나쳐 봐서는 안 된다는 것을 알면서도 허투루 흘려버리기 쉬운 것이 역사 속의 설화 바로 그것이다.

2. 설화說話의 검토檢討

(1). 설화의 체계와 태자 책봉 등

『삼국사기』에 수록된 알지의 탄생 설화에서는 "왕이 금성金城 서쪽의 시림始林으로부터 닭 우는 소리를 듣고 호공瓠公을 시림에 보내서 살펴보게 했다."고 하였고, 『삼국유사』에서는 "호공瓠公이 월성月城 서리西里를 지나다가 시림에서 알지의 출생 현장을 발견하고, 그 상황을 왕에게 아뢰었다."고 했다. 양서兩書에서 설화說話의 전개展開를 약간 달리하고 있으나 거기에 특별한 의미를 부여할 필요는 없을 듯하다. 그러나 양서兩書에서 모두 설화에 호공瓠公을 등장시킨 것을 보면, 알지閼智의 실재實在 출생出生에 호공이 특별한 관련이 있음을 암시暗示하는 듯하다.

후술에서 이에 대한 재론再論을 하기로 한다.

또 『삼국유사』의 설화에는 탈해이사금이 알지를 태자太子로 책봉했는데, 뒷날 파사婆娑에게 양보하고 즉위하지 아니했다고 했으나 『삼국사기』에는 그런 말이 없다. 『삼국유사』에는 알지의 직계 자손 여섯 대代의 이름이 출생 설화 끝부분에 등재되어 있는데 『삼국사기』에는 그것을

「미추이사금」 조에 등재하여 놓았다.

그런데 양서兩書의 명단이 <별표1>과 같이 일치하지 않는 부분이 있다.

<별표1> 알지閼智의 세계世系 대조표

세계 사서	1세	2세	3세	4세	5세	6세	7세
삼국 사기	알지 閼智	세한 勢漢	아도 阿道	수류 首留	욱보 郁甫	구도 仇道	미추 味鄒
삼국 유사	알지 閼智	열한 熱漢	아도 阿都	수류 首留	욱부 郁部	구도 俱道	미추 未鄒

그러나 알지閼智 대보大輔의 세계世系와 그의 태자太子 책봉冊封에 대한 사항은 언급만 하고 여기에서는 논외論外로 한다.

(2). 알지閼智 탄생 연대의 오류誤謬

알지閼智의 탄생을 『삼국사기』에는 탈해이사금脫解尼師今 9년서기 65년 3월이라 하였고, 『삼국유사』에는 이보다 5년을 앞당겨서 영평永平 3년 경신庚申:서기 60년 8월4일이라 하였다. 영평永平은 후한後漢 명제明帝의 연호年號다.

앞에서 언급한 두 사서史書에서 전하는 알지의 탄생 연

도는 모두 믿기 어려운 오류誤謬를 범한 것이므로, 여기에서는 설화 상의 연도는 무시하고 그것을 고찰하고자 한다.

『삼국유사』에 "신라의 김씨金氏는 알지閼智로부터 비롯되었다."고 하였고, 또 세상이 그렇게 믿는다고 할 수 있다.

그런데『삼국사기』에 의하면, 제5대 파사이사금婆娑尼師今은 탈해이사금의 뒤를 이어 경진庚辰:서기 80년년에 즉위했다. 그 비妃는 김씨金氏 사성부인史省夫人인데, 허루갈문왕許婁葛文王의 딸이라고 했다. 파사이사금 즉위 당시에 알지의 나이는『삼국사기』에 의하면 만 15세,『삼국유사』에 의하면 만 20세다. 15세나 20세의 나이로는 허루갈문왕과 그의 딸인 왕비 사성부인을 자손子孫으로 둘 수는 없는 일이다. 왕비인 사성부인은 같은 연배로 볼 수 있다 하더라도 그의 부친인 허루갈문왕은 부집父執의 존장尊長이 된다고 보아야 할 것이기 때문이다.

또 제6대 지마이사금祗摩尼師今은 서기 112년에 즉위했는데, 그 비妃는 김씨金氏 애례부인愛禮夫人으로 갈문왕葛文王 마제摩帝의 딸이라고 했다. 이때 알지의 나이가『삼국사기』에 따르면 만 47세이고,『삼국유사』에 따르면 만

52세가 된다. 역시 마제갈문왕과는 동년배쯤으로 볼 수는 있겠지만 그들의 조상이 될 수 있는 나이는 아니라고 생각 된다.

 더구나 『삼국유사』「왕력편王曆篇」에 "제3대 노례유리이사금弩禮(儒禮)尼師今의 비妃를 사요왕辞要王의 딸 김씨金氏"라 하였으니 현존現存 설화說話로써 알지閼智를 신라 김씨金氏의 발상조發祥祖라고 보기에는 무리가 있다고 하겠다.

 그리고 탈해이사금이 팔십 대의 나이가 되었을 때 시림에서 알지를 거두어 길렀다고 하였으니 알지는 탈해이사금의 아들 구추각간仇鄒角干과 같은 시대의 사람으로 보기에도 나이가 많이 모자란다 할 것이다. 그런데 『삼국사기』「벌휴이사금伐休尼師今」 조에 의하면, 알지閼智의 5세손 구도仇道가 파진찬波珍湌으로서 좌군주左軍主가 되어 조문국召文國을 정벌하고, 백제百濟와도 몇 차례의 전쟁을 수행하였다. 또 「조분이사금助賁尼師今」 조를 보면, 구도仇道의 딸과 벌휴이사금의 태자 골정骨正이 혼인을 함으로써 벌휴이사금과 구도갈문왕은 사돈査頓 사이로 같은 시대를 살았던 인물이었음을 알 수 있다. 벌휴이사금은 구추각간의 아들이고 구도갈문왕은 알지의 5세손이다. 석昔씨 1대가 바뀌는 동안 김金씨 5대가 바뀌었다는 것은 믿기 어려운 말이다. 아마도 알지의 출생을 설화화說話化하면서 그 시점을 너무 늦춰버렸기 때문에 빚어진 결과라 생각된다.

그렇다면 알지의 탄생은 어느 때 있었던 일이라고 보아야 할 것인가. 알지의 후손 중 맨 먼저 실명實名으로 『삼국사기』에 등장한 이는 그의 5세손으로 아달라이사금阿達羅尼師今 19년서기 172년에 파진찬이 되었다는 구도仇道이다. 보학계譜學界에서는 세계世系를 따질 때 한 세대世代 간間을 대체로 30년으로 보는데, 이 경우에도 그 통례通例를 활용하여 보기로 한다. 즉 구도仇道가 파진찬이 되었다는 아달라이사금 19년서기 172년부터 매每 세대世代 마다 30년씩 6대代를 소급遡及하여 보면 혁거세거서간赫居世居西干 재위在位 50년서기전 8년이 된다. 따라서 알지는 혁거세거서간 재위 기간 중 출생하였을 것으로 추정할 수 있다.

또 탈해이사금은 재위 2년서기 58년에 호공瓠公을 대보大輔에 임명하였고, 9년서기 65년에 시림에서 닭 우는 소리를 듣고 그를 시림에 보내서 살펴보게 했다. 호공은 혁거세거서간 38년서기전 20년에 마한馬韓과 수교修交 차次 사신使臣으로 갔던 사람이다. 혁거세거서간 38년서기전 20년에서 탈해이사금 9년서기 65년 알지 출생까지는 세월이 85년이나 지났다.

 호공은 원로대신으로서 마한馬韓과 수교修交하였을 것임으로 그 당시의 나이를 65세로 가정한다면 시림에서 알지가 출생할 때 그의 나이는 150세가 되고, 수교 당시 나이를 40세로 가정하더라도 알지가 출생할 때 그의 나이는 125세가 된다. 따라서 탈해이사금 재위 시까지 호공이 살아있었을 가능성도 거의 없다. 그런데도 알지의 출생설화에 굳이 혁거세거서간 때의 중신重臣 호공을 등장시킨 것을 보면, 알지의 실재 출생은 혁거세거서간 때의 일이라고 보는 것이 타당하다 할 것이다.

(3). 계룡雞龍이 상서祥瑞를 나타내다

 알지閼智의 탄생을 『삼국사기』와 『삼국유사』에는 천강궤출설화天降櫃出說話로 전하였는데, 그것이 당시에는 그의 탄생을 신성시神聖視하는데 도움이 되었는지는 알 수 없지만 그 자체가 역사일 수는 없다. 인간에게는 반드시 낳은 부모가 있기 마련인데 알지의 경우는 천강궤출설화天降櫃出說話의 성립을 위하여 역사에서 부모의 존재를 감추어 버렸다. 때문에 그를 낳은 부모가 누구인지 아무도 확언하기 어렵다. 그러나 필자筆者는 사료의 편린片鱗이라도 붙들고 파헤쳐서 그의 부모를 추정推定하여 보기로 한다.

『삼국유사』「신라시조 혁거세왕」조 기사의 끝부분에 "국초國初에 왕이 계정雞井에서 탄생했다. 때문에 나라 이름을 계림국雞林國이라 부르기도 했는데, 그것은 계룡雞龍이 상서祥瑞를 나타낸 까닭이다."103)라고 하고, 또 이에 이어서 "일설에는 탈해왕脫解王 때 김알지金閼智를 얻었는데 숲속에서 닭이 울었다 하여 국호國號를 고쳐 계림雞林이라 했다고도 한다."104)라고 하였다. 여기에서 일설一說이라 함은 앞 구절에 대한 또 다른 설이다. 이를 살펴보면 앞의 구절은 뒤의 구절에서 말하는 탈해이사금 때를 배경으로 한 알지 천강궤출설화天降櫃出說話의 전신前身이라 할 수 있는 계룡소탄설화雞龍所誕說話의 잔흔殘痕이라 할 것이다.

그런데 그 앞 구절의 맨 앞에 "국초에 왕이 계정에서 탄생했다初王生於雞井."라고 했는데, 여기에 결락缺落된 글

---

103) 『삼국유사』「신라시조 혁거세왕」조 : 初王生於雞井 故或云 雞林國 以其雞龍現瑞也
104) 『삼국유사』「신라시조 혁거세왕」조 : 一說 脫解王時得金閼智 而雞鳴於林中 乃改國號爲雞林

자가 있다고 생각된다. 혁거세거서간은 나정蘿井에서 탄생했고, 알영왕비閼英王妃는 알영정閼英井에서 탄생했다고 하였지만, 계정雞井에서 탄생했다는 왕은 없다. 더구나 신라는 건국 초기이기 때문에 혁거세거서간 외에 다른 왕은 없던 때이다. 일연선사一然禪師가 이 구절을 수록蒐錄할 때 저본底本을 적시하지는 않았지만 필시 고기古記 등에서 인용했을 것이다. 아마도 그것을 인용 수록하는 과정에 탈해이사금 때 알지의 궤출설화와 상충相衝을 피하고자, 그리고 난생설화로 부모의 존재를 은폐隱蔽한 혁거세에게 아우가 있다는 말을 할 수 없기 때문에 '초왕제생어계정初王弟生於雞井'에서 '제弟'자를 결락缺落시켜 '초왕생어계정初王生於雞井'으로 한 것이 분명하다 할 것이다. 만약 그렇지 않다면 그 구절 전체가 허언虛言이 된다. 그래서 여기에서는 '제弟'자의 결락을 사실로 보고 "국초에 임금의 아우가 계정에서 탄생했다."로 해석하고자 한다.

계정雞井은 계림雞林에 있는 우물로 생각된다. 지금도 계림비각 뒤편에 석재石財로 덮은 듯한 우물 흔적이 있다. 그리고 계룡雞龍이 상서祥瑞를 나타냈다고 한 그 계룡은 전술한 혁거세의 '서술성모 소탄설'과 '알영왕비의 출생' 등에서 이미 상술詳述한 바와 같이 서술성모西述聖母를 지칭하는 암시어暗示語고, 상서祥瑞를 나타냈다고 한 것은 왕의 아우를 낳았음을 의미한다.『삼국유사』「신라시조 혁거세왕」조의 원주原註에 "계룡雞龍이 상서祥瑞를 나타내어 알영閼英을 낳았으니, 또 어찌 서술성모가 나타난 바를 깨닫지 못하겠는가."105)라고 한 그 문투文套를 보면, 계룡은 서술성모를 지칭하는 말임을 쉽게 이해할 수 있다.

여기에서 말하는 왕의 아우는 곧 알지閼智를 지칭하는 말이다. 서술성모가 왕의 아우 알지를 낳았기 때문에 알지가 탄생한 장소 시림始林을 계림雞林으로 이름을 바꾸어 나라의 이름으로 삼았다는 것이다. 다른 사람의 경우라면 그것이 가능한 일이겠는가.

그리고 알지의 궤출설화에는 백계白雞, 즉 흰닭이 금궤金櫃가 걸려있는 나무 밑에서 울고 있었다고 했다. 백계白雞의 '백白'은 오방색五方色 가운데 서쪽을 지칭하는 색이요, '계雞'는 닭이니 닭의 방위는 '유방酉方', 즉 서쪽을 지칭하는 말이다. 따라서 백계白雞는 서악西岳의 서술성모西述聖母를 암시暗示하는 말이다. 설화에는 알지가 금궤에

---

105)『삼국유사』「신라시조 혁거세왕」조의 원주原註 : 雞龍現瑞 産閼英 又焉知非西述聖母之所現耶

서 나왔다고 했지만 실제로는 서술성모가 낳았다는 뜻이라 하겠다.

(4). 알지의 이름과 성姓

『삼국유사』「김알지 탈해왕대」조를 보면, "왕이 시림始林에 가서 궤를 열어 보니 어린 사내아이가 있었는데 누워있다가 바로 일어났다. 마치 혁거세의 고사와 같았으므로 그의 말에 따라 알지閼智로써 그 아이의 이름으로 했다."106)라고 하였다. 여기에서 "그의 말에 따라…"라고 한 것은 『삼국유사』「신라시조 혁거세왕」 조의 원주原註에 "(혁거세가) 처음 입을 열 때 스스로 일컬어 알지와 거서간이 일제히 일어난다."107)라고 했다는 그 말을 지칭한 듯하다. 여기의 '처음 입을 열 때'는 (혁거세가 알지의 탄생 소식을 듣고) '첫마디 말씀'이라는 뜻이라고 생각된다. 알지는 어린아이를 일컫는 말이라고 했다.

그런데 앞에서 "마치 혁거세의 고사와 같았으므로 그의 말에 따라…"라고 언급했는데, 탈해이사금은 혁거세의

---

106) 『삼국유사』「金閼智 脫解王代」條 : 駕行其林 開櫃有童男 臥而即起 如赫居世之故事 故因其言 以閼智名之
107) 『삼국유사』「신라시조 혁거세왕」 조 원주原註 : 初開口之時 自稱云 閼智居西干一起

고사故事를 보지 못했고 그가 한 말도 직접 듣지는 못했을 것이다. 알지의 실제 탄생 연도와 설화상의 탄생 연도는 백 년 이상의 차이가 있을 것이기 때문이다. 그런데도 탈해이사금이 그것을 잘 알고 있는 것처럼 과거 혁거세가 했던 말에 따라 '그 아이의 이름을 알지로 했다'고 에둘러 말한 뜻을 음미하여 보면, 혁거세가 알지의 탄생 소식을 듣고 직접 그의 이름을 지었다는 느낌이 든다.

  알지의 성姓에 대하여 『삼국사기』와 『삼국유사』에는 모두 "알지가 금궤에서 나왔기 때문에 성을 김金씨로 했다."라고 하였다. 사람이 금궤에서 나왔다는 말은 설화에나 나올 수 있는 말이지 실재하는 역사일 수는 없다. 따라서 알지가 금궤에서 나왔기 때문에 성을 김씨로 하였다는 말도 실제 역사일 수는 없는 것이니 성을 김씨로 하였던 실제의 이유가 따로 있었을 것으로 생각된다.

  금金은 오행五行 가운데 하나인데, 금방金方은 서쪽을 가리킨다. 따라서 금金자는 서쪽을 의미하는 글자이기도 하다. 졸견拙見으로는 서西쪽을 의미하는 금金을 성姓으로 하여 서악西岳의 신모神母인 서술성모西述聖母 자식임을 암시暗示한 것이라고 생각된다. 『삼국유사』 「김알지 탈해왕대」 조의 끝부분에 "신라의 김씨金氏는 알지로부터 시작된다.新羅金氏自閼智始."라고 하였다.

그런데 『삼국사기』 「백제본기百濟本紀」의 말미末尾 김부식金富軾의 사론史論에서 말하기를 "「신라고사新羅古事」에 이르기를 하늘에서 금궤金櫃가 내려온 까닭으로 성姓을 김金씨라 하였다고 했는데, 이 말은 괴이怪異하여 가히 믿지 못하겠으나 사신史臣이 사기史記를 엮을 때 옛날 그대로 전하였고 그 말을 삭제할 수 없었다. 또 듣건대 신라 사람은 스스로 소호김천씨少昊金天氏의 후예後裔라 하는 까닭으로 성을 김씨라 하였다."라고 하고, 그 원주에 "신라 국자박사 설인선薛因宣이 지은 김유신金庾信의 비문과, 박거물朴居勿이 짓고 요극일姚克一이 쓴 삼랑사三郎寺 비문에 그 말이 있다."고 하였다.

또 그 말은 김유신의 비문에 그치지 않고 『삼국사기』 「열전列傳 김유신金庾信」 조에도 그 말이 있다. 즉 "신라 사람들은 자기들을 소호김천씨少昊金天氏의 후예라고 이르는 까닭으로 성을 김金씨라고 하는데, 김유신金庾信의 비碑에도 또한 이르기를 헌원軒轅의 후예이고 소호少昊의 영윤令胤이라 하였으니 남가야南加耶의 시조 수로首露도 신라와 동성同姓이라 하였다."라고 하는 등 『삼국사기』 「신라본기」와 『삼국유사』에 전하는 바와 달리 신라 김씨의 발상조는 알지閼智가 아니라 중국 전설상의 제왕인 소호김천씨少昊金天氏라고 한 기록이 『삼국사기』의 사론史論과 열전列傳에 등재되어 있다는 사실을 어떻게 보아야 할 것인가. 신라의 김金씨를 소호김천씨少昊金天氏의 후예라고 확신할 수 있는 전거典據가 있는 것인지, 아니면 중국 고성古聖의 후예 되는 것을 광예光譽라 생각한 소치로 빚어진 결과인지, 어느 것도 확실히 말하기 어려운 일이다. 필자筆者는 그것에 구애됨이 없이 알지閼智가 신라 김金씨의 발상조發祥祖라는 입장에서 소론所論을 전개展開하기로 한다.

(5). 알지閼智의 탄생 연도 추정推定

전술한 「알지 탄생 연대의 오류」에서 알지는 혁거세거서간 재위 기간 중에 탄생한 것으로 보는 것이 타당하다는 논증論證을 하였다. 그 재위 기간은 서기전 57년부터 서기 4년까지로 61년간이다. 또 전술한 「계룡雞龍이 상서祥瑞를 나타내다」에서 알지의 생모生母는 서술성모西述聖母임을 논증論證하였고, 또 『삼국유사』「신라시조 혁거세왕」조에 수록蒐錄된 "국초國初에 왕이 계정雞井에서 탄생

했다初王生於雞井."는 문장에는 '제弟자'의 결락缺落이 있는 것이 분명하므로 "국초에 왕의 아우가 계정에서 탄생했다初王弟生於雞井."는 뜻으로 보아야 함을 논증論證하였다. 여기에서 '국초'라 함은 건국 초기를 말한 것이요, 왕의 아우라 함은 알지를 지칭하는 말이다. 이상에 근거하여 알지의 탄생 연도를 추정해 보기로 한다.

『삼국사기』에는 탈해이사금 9년 을축乙丑 서기 65년년에 알지가 탄생했다고 설화로 전하고 있지만, 그의 실제 탄생은 이때로부터 2주갑週甲을 인상引上한 혁거세 거서간 2년 을축乙丑:서기전 56년년이라고 추정推定한다.

알지의 탄생을 처음에는 계룡소탄설화雞龍所誕說話로 전하다가 후세에 천강궤출설화天降櫃出說話로 바꾸어 전할 때, 실재 탄생 연도의 태세太歲는 실사實史의 후고後考를 위하여 버리지 않았을 것으로 보았고, 또 혁거세거서간의 재위 기간 중에 을축乙丑년은 재위 2년뿐이라는 점과 계룡소탄설화雞龍所誕說話의 잔흔殘痕으로 보았던 그 구절의 첫 글자가 '처음초初'자로 건국 초기임을 의미하고 있다는 점을 유념留念하였다. 또 혁거세거서간이 처음 입을 열 때 말했다고 한 "알지와 거서간이 일제히 일어난다閼智居西干一起."라고 한 말은 노련老練한 제왕帝王의 말씀

이 아니라 세련洗練되지 않은 철부지의 말솜씨로 느껴지는 점, 그리고 서술성모의 가임可妊 연령 등도 고려하여 알지의 탄생 연도를 추정한 것이라고 감히 말할 수 있다.

혁거세거서간은 서기전 69년에 탄생하였다. 그리고 알영왕비는 서기전 65년에 탄생하였고, 알지대보는 서기전 56년에 탄생하였으므로 혈통상血統上으로는 서술성모가 낳은 삼남매三男妹였다고 말 할 수 있다.

(6). 알지閼智와 호공瓠公의 관계 추정推定

전술前述에서 언급한 바와 같이 알지는 건국 초기에 탄생하였으나 계룡소탄설화雞龍所誕說話에 가려져서 부모의 족성명族姓名은 모두 감춰졌고, 또 2주갑週甲이 지난 탈해이사금 때 다시 그의 출생은 천강궤출설화天降櫃出說話로 바뀌면서 그 전에 있었던 본인의 일생에 대한 정보도 모두 감춰졌다.

『삼국사기』「신라본기 미추이사금」조에 "그의 선조는 알지閼智니 계림에서 출생한 것을 탈해왕이 거두어 궁중에서 길렀는데, 뒤에 대보大輔 벼슬에 올랐다."108)라고

---

108) 『삼국사기』「신라본기 미추이사금」조 : 其先閼智出於雞林

하였다. 알지가 뒤에 대보 벼슬에 올랐다고 했지만 어느 임금 때 그 벼슬에 올랐는지는 기록이 없다. 탈해이사금 9년 그가 설화상 탄생하기 전 기록에 나타난 행적行蹟이 있었다면 설화의 성립을 위해 모두 지워야 했을 것이다. 그때는 추증追贈 제도가 없던 시대였으니 이미 오래전에 타계한 사람에게 벼슬을 주는 것이 쉽지 않았을 것이기 때문에 「미추이사금」 조에서 "뒤에 대보 벼슬에 올랐다."고만 하였을 뿐 어느 임금 때 있었던 일이라고 밝히진 못했을 것이다. 그래서 알지의 행적行蹟에 대한 기록이 없는 것으로 생각된다. 알지가 실제로 대보 벼슬을 하였다면, 그것은 필시 혁거세거서간의 재위 기간 중에 있었던 일이었을 것으로 생각되지만 확인할 길은 없다.

　탈해이사금이 알지의 출생설화에 꼭 등장시키고자 했던 인물이 있었으니 바로 호공瓠公이다. 호공은 혁거세거서간 38년서기전 20년에 마한과 수교차 사신으로 갔던 중신重臣이다. 알지의 천강궤출설화天降櫃出說話는 이로부터 85년이 지난 뒤인 탈해이사금 9년서기 65년의 일이다. 따라서 호공이 마한과 수교할 당시의 나이를 65세로 가정하면, 설화상 알지가 탄생할 때 그의 나이는 150세가 되

脫解王得之 養於宮中 後拜爲大輔

고, 또 수교 당시의 나이를 40세로 가정해도 설화상 알지가 탄생할 때 그의 나이는 125세가 된다. 아마도 궤출설화에 의한 알지의 탄생 당시 호공은 이미 오래전에 타계他界하였을 것이다. 그런데도 탈해이사금은 알지의 천강궤출설화에 호공을 꼭 등장시키려고 재위2년서기 58년 호공을 대보에 임명하여 그 설화에 등장시킬 발판을 만들고, 재위9년서기 65년에 그를 시림에 보내서 알지의 출생을 살펴보게 하였다고 했다. 이 설화는 『삼국사기』와 『삼국유사』에 전하는 바와 같이 탈해이사금 때 만들어진 것인지 아니면 그보다 훨씬 뒷날에 설화를 만들어 탈해이사금 때의 일로 꾸민 것인지 알 길이 없다.

  도대체 호공은 알지와 어떤 관계가 있었기에 탈해이사금이 알지 출생설화에 그를 등장시키려고 그렇게 간절하였던가. 아마도 알지의 출생을 설화화하는 과정에서 부모父母의 족성명族姓名을 모두 숨겨버렸기 때문에 호공을 설화 속에 등장시켜서 그의 생부生父임을 암시한 것이라고 추정해 본다. 그렇지 않다면 탈해이사금이 당시 좌우에 있던 관원으로 하여금 시림에 가서 알지의 출생을 살펴보게 했다고 하여도 그 설화의 성립에는 아무런 문제가 없었을 것인데, 이미 오래전에 타계他界했을 것으로 보이는 호공을 무리하게 등장시켰을 리가 있겠는가.

만약 필자의 추정에 일리가 있다면 혁거세거서간과 알영왕비의 생부도 여기에서 찾아야 하지 않을까 생각해 본다. 다만 확언確言을 할 수 있는 사료史料가 없는 것이 안타까울 뿐이다.

3. 설화說話 속의 국호國號 계림雞林

　전술前述한 "계룡雞龍이 상서祥瑞를 나타내다."에서 논증論證한 바와 같이 알지關智의 탄생은 처음에 계룡소탄설화雞龍所誕說話로 전승傳承 되다가 뒤에 다시 천강궤출설화天降櫃出說話로 바뀌어 전승傳承 되었다고 할 것이다.
　처음의 계룡소탄설화에 국호를 계림국雞林國이라 했다고 하고, 뒤의 천강궤출설화에서도 국호를 계림雞林이라 했다고 하여 그것이 중첩되고 있다. 이는 아마도 앞 설화에서 계룡이 알지를 낳았다고 한 것을 뒤 설화에서는 알지의 출생을 더욱 신성시神聖視하기 위해 하늘에서 내려온 금궤에서 나왔다고 내용을 바꾸어 전하면서 '국호를 계림으로 했다'고 한 앞 설화의 것을 뒤 설화에 그대로 인용引用하였기 때문이라 생각된다. 따라서 국호 계림은 계룡소탄설화에서 시작되었다고 할 것이다.
　계림雞林은 본래 구림鳩林 또는 시림始林이라 했다고 한다. 구림鳩林의 '구鳩'는 '비둘기 구'자인데, 그 훈訓을 취하여 표기한 이두문吏讀文일 것이므로 구림鳩林은 곧 '비둘숲', 즉 '배달숲'이라 할 것이니 그곳은 천신天神에 제사 지내던 신성한 숲이 아니었을까 하는 생각이 든다. 또 시림始林의 시始은 동쪽을 지칭하는 옛말의 '시'와 음이 서로 가까워서 그 음을 취하여 이두로 표기한 것이니 시림始林은 곧 '시숲', 즉 '동쪽의 숲'이란 뜻이 있다 할 것이다. 그런데 안호상 박사의 저서 『환웅과 단군과 화랑』에는 구림鳩林과 시림始林도 국호라고 하였다.

숭혜전崇惠殿 알지의 후손 미추이사금, 문무왕, 경순왕의 사당(廟).
경북 경주시 포석로1050번길 39-11

그러나 계룡소탄설화에는 계정雞井에서 계룡雞龍이 상서祥瑞를 나타내어 알지閼智를 낳았기 때문에 국호를 계림국雞林國으로 부르기도 했다고 한다. 계림雞林의 계雞는 유방酉方, 즉 서쪽을 의미하는 말이니 서악西岳의 서술성모가 상서를 나타낸 곳임을 암시하는 뜻이라 하겠다.

알지의 탄생을 계기로 그가 탄생한 곳인 계림을 국호로 삼았다고 하는 것은 알지가 비상非常한 인물임을 과시하려는 거국적인 조치라 할 수 있지만, 그와 그의 자손들은 몇 대를 지나도록 왕위에 오른 이가 없었다. 그래서 다시 알지의 탄생을 천강궤출설화로 바꾸어 전승하게 되었고, 드디어 그의 6세손 미추味鄒에 이르러 이사금尼師今에 올랐다.

Ⅴ. 탈해이사금脫解尼師今의 출현出現

1. 탈해脫解의 출현 설화說話

 탈해의 출현 설화는 『삼국사기』「신라본기 탈해이사금」조와 『삼국유사』「탈해왕」조 및 「가락국기駕洛國記」조에 수록되어 있는데, 내용과 연대가 서로 다른 부분이 있다. 때문에 세 편의 설화를 모두 그대로 옮긴 다음 그것에 대한 검토를 하기로 한다.

 (1). 『삼국사기』 탈해이사금 조의 설화
 탈해이사금脫解尼師今:吐解라고도 함이 즉위서기 57년하니 그 때 나이가 62세109)였다. 성姓은 석昔씨이고 비妃는 아효

---

109) 탈해이사금 즉위 당시 나이 62세 : 같은 설화에서 탈해가 아진포에 상륙한 때가 혁거세거서간 재위 39년(서기전 19년)이라고 하였으니, 아진포에 상륙할 때를 1세라 하더라도 그가 서기 57년에 즉위하였으니 즉위 당시에 76세가 된다. 그러니 『삼국사기』에 '시년 62세 時年六十二'라 한 것은 근거가 없는

부인阿孝夫人이다.

　탈해는 본래 다파나국多婆那國 출생인데 그 나라는 왜국倭國의 동북쪽 1천 리 되는 곳에 있다. 처음에 그 나라 왕이 여국女國의 왕녀王女를 아내로 삼았는데, 임신한 지 7년 만에 큰 알을 낳았다. 왕이 말하기를 "사람이 알을 낳았으니 상서롭지 못하다. 마땅히 버리라."고 하였다. 그러나 여자(왕비)는 차마 버리지 못해 비단으로 알을 싸고 보물과 함께 궤 속에 넣어 바다에 띄워 떠가는 대로 내버려 두게 하였다.

　처음에 이른 곳이 금관국金官國 해변이었는데, 금관국 사람들이 괴이하게 여겨 이를 거두지 않아 궤는 다시 바다에 떠서 진한辰韓의 아진포阿珍浦에 이르렀다. 이때가 시조 혁거세 재위 39년서기전 19년이었다. 그 궤가 아진포에 닿을 때 해변에 있던 한 노파가 이것을 보고 밧줄로 끌어내어 해안으로 올려놓았다. 궤를 열어보니 그 속에 한 어린아이가 있는지라 그 노파가 이를 거두어 길렀다. 아이는 자라서 키가 9척이나 되고 모양이 준수하고 성품은 명랑하며 지식이 유달리 뛰어났다.

　혹은 말하기를, 이 아이의 성씨姓氏를 알지 못하여 처

말처럼 되었다.

음 궤짝이 바다에 떠올 때 까치 한 마리가 울면서 이를 따라왔으므로 '까치작鵲'자의 한쪽을 떼어 '석昔'으로써 성姓을 삼는 것이 옳을 것이라 하여 '석昔'을 성으로 정했다. 또 궤 속에서 벗어났다고 하여 이름을 '탈해脫解'라 하는 것이 옳을 것이라 하여 '탈해脫解'를 이름으로 하였다.

탈해는 처음에 고기잡이로써 업을 삼고 양모養母를 봉양했는데, 조금도 게으른 빛이 없었다. 그 양모가 탈해에게 이르기를 "너는 보통 사람이 아니다. 골상骨相이 특수하게 다르니 학문을 닦아 공명을 세우는 것이 옳을 것이다."고 하였다. 이에 오로지 학문에 정진하고, 겸하여 지리地理를 잘 알았다.

그리고 양산楊山 아래 호공瓠公의 집을 바라보고 그 집터가 길지吉地임을 알고 거짓 꾀를 꾸며내어 그 집터를 빼앗아 살게 되었는데, 이곳이 뒤에 월성月城이 되었다.

남해왕南解王 5년서기 8년에 이르러 왕이, 탈해가 현명하다는 말을 듣고 공주公主를 그의 아내로 삼고, 왕 7년서기 10년에 이르러 대보大輔로 등용하여 정사政事를 맡겼다.110)

---

110) 『삼국사기』「탈해이사금」 조 설화 원문 : 脫解尼師今立（一

(2).『삼국유사』「탈해왕」조의 설화

 탈해치질금脫解齒叱今은 토해이사금吐解尼師今이라고도 한다. 남해왕南解王 때(고본古本에는 임인壬寅년이라 했으나 이것은 잘못이다. 가까운 임인년이면 노례왕弩禮王의 즉위 초년보다 뒤이니 양위讓位를 다툰 일이 없었을 것이고, 그 앞의 임인년이면 혁거세왕 재위 때가 되므로 임인년이 아님을 알겠다.) 가락국駕洛國 바다 가운데 배가 와서 닿았다. 그 나라 수로왕首露王이 백성들과 함께 북을 치고 환호하면서 그들을 머물게 하려고 했으나 배가 나는 듯이 달아나서 계림雞林 동쪽 하서지촌下西知村 아진포阿珍浦(지금도 상서지上西知·하서지下西知란 촌의 이름이 있다.)에 이르렀다.

 이때 포구에 한 노파가 있었는데, 이름이 아진의선阿珍義先으로 혁거세왕의 고기잡이 노파였다. 그가 그 배를

云吐解) 時年六十二 姓昔 妣阿孝夫人 脫解本多婆那國所生也 其國在倭國東北一千里 初其國王娶女國王女爲妻 有娠七年乃生大卵 王曰 人而生卵不祥也 宜棄之 其女不忍 以帛裏卵并寶物 置於樻中 浮於海任其所往 初至金官國海邊 金官人怪之不取 又至辰韓阿珍浦口 是始祖赫居世在位三十九年也 時海邊老母 以繩引繫海岸 開樻見之 有一小兒在焉 其母取養之 及壯身長九尺 風神秀朗 智識過人 或曰 此兒不知姓氏 初樻來時 有一鵲飛鳴而隨之 宜省鵲字 以昔爲氏 又解韞樻而出 宜名脫解 脫解始以漁釣爲業 供養其母 未嘗有懈色 母謂曰 汝非常人 骨相殊異 宜從學以立功名 於是專精學問 兼知地理 望楊山下瓠公宅以爲吉地 設詭計 以取而居之 其地後爲月城 至南解王五年 聞其賢 以其女妻之 至七年 登庸爲大輔 委以政事

바라보고 말하기를 "이 바다 가운데는 원래 암석이 없었는데 무슨 까닭으로 까치들이 모여서 우는가." 했다. 배를 끌어당겨서 찾아보니 까치들이 배 위에 모여들었다. 배 안에는 궤짝 하나가 있었는데, 길이가 20자에 넓이가 13자나 되었다. 배를 끌어내어 한 나무 밑에 두었다. 그런데도 이것이 흉한 일인지 좋은 일인지 알지 못하여 하늘을 향해 고했다.

잠시 후 궤를 열어보니 단정하게 생긴 한 남자가 있었고, 아울러 칠보七寶와 노비奴婢가 가득 실려 있었다. 7일 동안 잘 대접했더니 마침내 그 남자가 말했다.

"나는 본래 용성국龍城國 사람이요(또는 정명국正明國 혹은 완하국琓夏國이라고도 하고, 완하국은 혹은 화하국花廈國이라고도 하는데, 용성龍城은 왜국倭國 동북 1천 리 떨어진 곳에 있다.). 우리나라에는 일찍이 28용왕龍王이 있었는데 그들은 모두 사람의 태胎에서 났으며, 나이 5세, 6세부터 왕위에 올라 만민萬民을 가르쳐 성명性命을 바르게 했소. 그리고 8품品의 성골姓骨이 있었으나 고르지 않고 모두 왕위에 올랐소. 이때 부왕父王 함달파舍達婆는 적여국積女國의 공주를 맞아 왕비로 삼았소. 오래도록 아들이 없어 기도하고 제사 지내며 아들 낳기를 기다린 지 7년 만에 커다란 알卵 한

개를 낳았소. 이에 대왕은 모든 신하들을 모아놓고 묻기를 '사람으로서 알을 낳았으니 고금에 없는 일이라 아마도 좋은 일이 아닐 것이다'하고, 이에 궤를 만들어 나를 그 속에 넣고 칠보七寶와 노비奴婢들을 함께 배에 실은 뒤 바다에 띄우면서 빌기를 '아무쪼록 인연 있는 곳에 닿아 나라를 세우고 한 집을 이루도록 해 주시오'라고 했소. 이때 적룡赤龍이 나타나서 배를 호위하여 여기에 도착하게 된 것이오."111)라고 하였다.

말을 다 하자 그 아이는 지팡이를 끌고 두 사내 종을 데리고 토함산吐含山 위에 올라가서 돌집을 짓고 7일 동

---

111) 『삼국유사』「탈해왕」조의 설화 원문 : 脫解齒叱今 (一作吐解尼師今) 南解王時(古本云 壬寅年至者謬矣 近則後於弩禮即位之初 無爭讓之事 前則在於赫居之世 故知壬寅非也) 駕洛國海中有船來泊 其國首露王與臣民鼓譟而迎 將欲留之 而舡乃飛走 至於雞林東下西知村阿珍浦 (今有上西知 下西知村名) 時浦邊有一嫗 名阿珍義先 乃赫居世王之海尺之母 望之謂曰 此海中元無石嵓 何因鵲集而鳴 拏舡尋之 鵲集一舡上 舡中有一櫃子 長二十尺 廣十三尺 曳其船置於一樹林下 而未知凶乎吉乎 向天而誓爾 俄而乃開見 有端正男子 并七寶奴婢滿載其中 供給七日 迺言曰 我本龍城國人 (亦云正明國 或云琓夏國 琓夏或作花廈國 龍城在倭東北一千里) 我國嘗有二十八龍王 從人胎而生 自五歲六歲 繼登王位 教萬民修正性命 而有八品姓骨 然無揀擇 皆登大位 時我父王含達婆 娉積女國王女爲妃 久無子胤 禱祀求息 七年後産一大卵 於是大王會問群臣 人而生卵 古今未有 殆非吉祥 乃造櫃置我 并七寶奴婢載於舡中 浮海而祝曰 任到有緣之地 立國成家 便有赤龍 護舡而至此矣

안 머무르면서 성안에 살 만한 곳이 있는가 바라보았다. 산봉우리 하나가 마치 초사흘 달 모양으로 보이는 곳이 있는데, 오래 살 만한 곳 같았다. 그곳을 찾아가니 바로 호공瓠公의 집이었다.

  이에 그 아이는 속임수를 써서 숫돌과 숯을 그 집 곁에 묻어 놓고 이튿날 아침 그 집 앞에 가서 "이 집은 나의 조상이 살던 집이오."라고 했다. 호공은 "그렇지 않다." 하여 서로 다투며 시비가 해결되지 않아서 관청官廳에 고발했다. 관청에서 말하기를 "무슨 증거로 이 집을 네 집이라 하느냐."고 하자 그 아이는 "우리 조상은 본래 대장장이였는데 잠시 이웃 고을에 간 동안 다른 사람이 이를 취하여 살고 있던 것이오. 땅을 파서 조사해 보시오." 라고 하였다. 이 말에 따라 땅을 파니 과연 숫돌과 숯이 나왔다. 이에 탈해가 그 집을 빼앗아 살게 되었다.

  이때 남해왕은 탈해가 지혜 있는 사람임을 알고 맏 공주를 그의 아내로 삼게 하니 곧 아니부인阿尼夫人이다.112)

---

112) 前註 111)에 이어 계속 : 言訖 其童子曳杖率二奴 登吐含山
上作石塚 留七日 望城中可居之地 見一峯如三日月 勢可久之地
乃下尋之 卽瓠公宅也 乃設詭計 潛埋礪炭於其側 詰朝至門云
此是吾祖代家屋 瓠公云否 爭訟不決 乃告于官 官曰 以何驗是
汝家 童曰 我本冶匠 作出隣鄕 而人取居之 請掘地撿看 從之

하루는 토해吐解:탈해가 동악東岳에 올라갔다가 돌아오는 길에 백의白衣:심부름꾼를 시켜 먹을 물을 떠오게 했다. 백의는 물을 떠가지고 오다가 중간에 먼저 마시고는 탈해에게 주려고 했다. 그런데 그 각배角盃가 입에 붙어서 떨어지지 않았다. 탈해가 꾸짖자 백의가 "이 뒤로는 가까운 곳이거나 먼 곳이거나 감히 먼저 마시지 않겠다."고 맹세했다. 그제야 각배角盃가 입에서 떨어졌다. 이로부터 백의는 탈해를 두려워하며 복종하여 감히 속이지 못했다. 지금 동악東岳 속에 우물 하나가 있는데 세상에서 요내정遙乃井이라고 부르는 우물이 바로 그것이다.

노례왕弩禮王이 붕어하자 광무제光武帝 중원中元 6년 정사丁巳:서기 57년 6월에 탈해는 왕위에 올랐다. 옛날에 남의 집을 내 집이라고 빼앗았다 해서 성을 석昔씨라고 했다. 혹은 말하기를 까치鵲로 인하여 궤를 열게 되었기 때문에 까치작鵲자에서 새조鳥자를 떼고 석昔을 성으로 했다고도 한다. 또 궤를 열고 알을 벗기고 나왔다 해서 이름을 탈해脫解로 했다고 한다.113)(이하 생략)

果得礪炭 乃取而居焉 時南解王知脫解是智人 以長公主妻之 是爲阿尼夫人
113) 前註 112)에 이어 계속 : 一日吐解登東岳 迴程次 令白衣索水飮之 白衣汲水 中路先嘗而進 其角盃貼於口不解 因而責之 白衣誓曰 爾後若近遙 不敢先嘗 然後乃解 自此白衣讋服 不敢

(3). 『삼국유사』「가락국기駕洛國記」조의 설화

-「가락국기」는 일연선사가 찬술한 것이 아니고 고려 문종조文宗朝에 금관지주사金官知州事이던 문인文人이 지은 것인데, 그 대강大綱을 『삼국유사』에 실은 것이다.-

가락국駕洛國 수로왕首露王 3년 갑진(甲辰:서기 44년)년에 홀연히 완하국琓夏國 함달왕含達王의 부인이 임신 후 달이 차서 알卵을 낳으니 알이 화化하여 사람이 되었다.

이름을 탈해脫解라 했는데, 바다를 거쳐 가락국에 왔다. 키는 3자고 머리둘레가 1자나 되었다. 그는 주저 없이 대궐로 나아가 수로왕에게 말하기를 "나는 왕위를 빼앗고자 왔다."고 했다. 왕이 대답하기를 "하늘이 명하여 나로 하여금 왕위에 오르게 한 것은 장차 나라를 안정시키고 백성을 편안하게 하라고 한 것인데 감히 하늘의 명을 어기고 왕위를 내어줄 수 없고, 또 감히 내 나라와 내 백성을 너에게 맡길 수 없다."고 하였다. 탈해가 말하기를 "그러면 술법術法으로 겨루어보겠는가." 하니 왕이 좋다고 했다. 잠깐 사이에 탈해가 변하여 매가 되니 왕은 변해서 독수리가 되고, 또 탈해가 참새가 되니 왕은 새

欺罔 今東岳中有一井 俗云遙乃井是也 及弩禮王崩 以光武帝中元六年丁巳六月 乃登王位 以昔是吾家取他人家 故因姓昔氏 或云因鵲開櫃 故去鳥字 姓昔氏 解櫃脫卵而生 故因名脫解. (下略)

매로 변하는데, 변하는 것이 눈 깜작할 사이였다. 탈해가 본 모습으로 돌아오자 왕 역시 본 모습이 되었다.

  이에 탈해가 엎드려 심중을 말하기를 "내가 술법을 겨루는 마당에 매가 독수리에게, 참새가 새매에게 잡히기를 면했으니 이는 대개 성인께서 살생을 싫어하는 어진 마음으로 그렇게 한 것입니다. 내가 왕과 더불어 왕위를 다툼은 실로 어려울 것입니다."라고 했다.

  그리고는 홀연히 왕에게 하직하고 나가서 이웃 교외의 나루터에 이르러 중국에서 온 배 대는 수로를 통해 갔다. 왕은 그가 머물러 있으면서 반란을 일으킬까 염려하여 급히 수군水軍 500척을 보내어 쫓게 하니 탈해가 계림雞林의 경계 안으로 달아나므로 수군은 모두 돌아왔다. 여기에 실려 있는 기록은 신라의 것과 많이 다르다.[114]

---

114) 『삼국유사』「가락국기」에 수록된 설화의 원문 : 駕洛國首露王三年甲辰. 忽有琓夏國含達王之夫人妊娠 彌月生卵 卵化爲人 名曰脫解從海而來 身長三尺 頭圓一尺 悅焉詣闕 語於王云 我欲奪王之位故來耳 王答曰天命我俾卽于位 將令安中國 而綏下民 不敢違天之命 以與之位 又不敢以吾國吾民 付屬於汝 解云 若爾可爭其術 王曰可也 俄頃之間 解化爲鷹 王化爲鷲 又解化爲雀 王化爲鸇 于此際也 寸陰未移 解還本身 王亦復然 解乃伏膺曰 僕也適於角術之場 鷹之鷲 雀之於鸇 獲免焉 此蓋聖人惡殺之仁而然乎 僕之與王 爭位良難 便拜辭而出 到隣郊外渡頭 將中朝來泊之水道而行 王竊恐滯留謀乱 急發舟師五百艘而追之 解奔入雞林之界 舟師盡還 事記所載多異與新羅

- 171 -

2. 설화說話의 검토檢討

(1). 탈해脫解는 어디에서 왔는가

앞에서 제시한 설화를 근거로 하여 탈해는 어디로부터 왔는지 추정해 보기로 한다.

탈해가 출생한 나라 이름을 『삼국사기』에는 다파나국多婆那國이라 하였고, 『삼국유사』「탈해왕」조에는 용성국龍城國이라 했는데 그것을 정명국正明國 또는 완하국琓夏國 또는 화하국花厦國이라 부르기도 한다고 하였고, 『가락국기駕洛國記』에는 완하국琓夏國이라 하였다. 이처럼 그가 출생했다는 나라 이름이 다섯 가지나 되는 것을 보면 그의 출생 국명이 문자로 명확하게 전해진 것이 아니기 때문에 후세의 구전口傳에 따라 이두吏讀로 표기表記하는 과정에서 용자用字 선택이 달랐던 탓도 있을 것이고, 이두식 표기를 한자음漢字音으로 읽은 탓도 있으리라 생각된다. 뿐만 아니라 사건 당시로부터 일천수백 년이 지난 뒤에 유문遺文 일사逸史를 수습하여 다시 정리한 기록이라 와전訛傳도 있을 수 있으리라.

먼저 『삼국사기』에서 전하는 다파나국多婆那國에 대하여

살펴보기로 한다.

『삼국사기』「고구려본기 유리왕瑠璃王」 조를 보면, 재위 22년(서기 3년)에 "대보大輔 협보陜父가 유리왕의 실정을 바로 잡으려고 간하다가 미움을 사서 파직당하고 격분하여 남한南韓으로 가버렸다."고 하였다.

그리고 일십당一十堂 이맥李陌의 저서 『태백일사太白逸史』「고구려국본기」에 협보陜父에 대한 다음과 같은 기사記事가 있다.

"이보다 먼저 협보는 남한南韓으로 도망쳐 마한馬韓의 산중에 살았다. 그를 따라온 자도 수백 가구였는데, 몇 해 지나지 않아서 큰 흉년에 시달려 유리 방황하게 되었다. 협보는 장차 위급하게 될 것을 알고 무리를 달래어 양곡을 배에 싣고 패수를 따라 내려와 해포海浦로부터 몰래 항해하여 곧바로 구야한국狗耶韓國에 이르니, 곧 가라해加羅海의 북안北岸이다. 여기에서 수개월 동안 살다가 아소산阿蘇山으로 옮겨가서 살았다. 이를 다파라국多婆羅國의 시조始祖라 한다. 뒤에 임나任那를 아울러서 연정聯政으로 다스렸다. (중략) 다파라多婆羅를 다라한국多羅韓國이라고도 한다. 홀본忽本으로부터 와서 고구려와 일찍부터 친교를 갖고 있었으므로 항상 열제烈帝의 통제를 받았다.

다라국多羅國은 안나국安羅國과 함께 이웃하여 있었고 성姓이 같았다. 본래 웅습성熊襲城이 있었으니 지금의 구주九州 웅본성熊本城이 그것이다."115)라고 하였다.

『삼국사기』의 '다파나국多婆那國'과 『태백일사』의 '다파라국多婆羅國'에는 '나那'자와 '라羅'자가 다르긴 하지만 같은 국호國號로 보았다. 여기에서 말하는 다파라국은 지금의 일본 구주 웅본성이었다고 하니 『삼국사기』에 "다파나국은 왜국 동북 일천 리 떨어진 곳에 있다."고 한 말과 어느 정도 근접한다고 볼 수 있을 듯하다. 그러나 그 나라 시조 협보는 처음에 고구려 시조 고주몽을 도와 건국에 큰 공을 세운 사람으로 유리왕에게 미움을 받아 파직당하고 고구려를 떠난 연도가 서기 3년이라고 하였으니, 다파라국의 건국은 이보다 여러 해 뒤의 일이라 할 것이다. 탈해가 아진포阿珍浦에 도래渡來한 연도가 다파라국의 건국보다 훨씬 전인 서기전 19년의 일이므로 탈해를 다파라국에서 왔다고 보기는 어려울 듯하다.

---

115) 이맥李陌의 『태백일사』「고구려국본기」 : 先是陝父奔南韓 居馬韓山中 從而出居者數百餘家 未幾歲連大歉 流離遍路 陝父乃知將革 誘衆裹糧舟 從浿水而下 由海浦而潛航 直到狗耶韓國 乃加羅海北岸也 居數月轉徙于阿蘇山而居之 是爲多婆羅國之始祖也 後倂于任那聯政以治 (中略) 多婆羅一稱多羅韓國 自忽本而來 與高句麗早已定親 故常爲烈帝所制 多羅國與安羅國同隣而同姓 舊有熊襲城 今九州熊本城是也

또 김정학金廷鶴 전 고려대 교수가 조선일보(1992.2.22. 1992.2.29.)에 2회에 걸쳐 다라국多羅國에 대해 기고한 내용을 보면 『일본서기日本書紀』「49년(서기 249년, 수정기년 369년)」조와 『흠명기欽明紀』「23년(서기 562년)」조에 다라국多羅國 이름이 나온다. 거기에는 각각 가라加羅 7국 중의 한 나라 또는 가라 10국 중의 한 나라로 전한다고 하고, 그 유적지遺跡地는 경남 합천陝川116)이라고 주장한 바 있다. 그러니 전술한 『태백일사』의 다파라국 또는 다라한국이 여기의 다라국과 동일한 나라를 지칭하는 말인지 아닌지는 판단하기 어렵다.

다음으로 『삼국유사』「탈해왕」조에 탈해가 스스로 "나는 본래 용성국龍城國 사람이다."라고 했다 하니 용성국에 대해 살펴보기로 한다. 그 원주에 "용성국은 정명국正明國이라고도 하고 완하국琓夏國 또는 화하국花廈國이라고도 한다."고 했고, 『가락국기駕洛國記』에서도 완하국琓夏國 출생이라고 했다.

---

116) 합천陝川 : 金廷鶴 전 고려대 교수가 합천을 '다라국'이라고 주장한 이유는 『삼국사기』「지리지」에 江陽郡의 舊號가 大良州郡 또는 大耶州郡이었으니, 여기의 '良', '耶'자는 '라'음을 이두로 표기한 것이므로 '大良', '大耶'는 곧 '대라'요, '대라'는 곧 '다라'라는 주장이다. 강양군은 지금의 陝川郡인데, 옥전고분 유적지 가까운 곳에 多羅里라는 마을이 있다고 했다.

완하국琓夏國과 화하국花廈國은 '환한나라'를 이두로 음을 취하여 표기한 것으로 보이고, 정명국正明國은 그것을 한역漢譯한 것으로 보인다. '환한나라'를 달리 표현하면 '밝은나라', 곧 '박달나라朴達國' 또는 '배달국倍達國'이 되고, 이를 훈역訓譯하면 '단국檀國'이 될 것이다.

단재丹齋 신채호申采浩는 『한국사연구초韓國史硏究草』「전·후 삼한고前·後三韓考」에 이르기를 "『사기史記』「흉노전匈弩傳」을 보면, 흉노는 제단祭壇 있는 곳을 휴도국休屠國이라 하니 휴도休屠는 곧 수두蘇塗일 것이요, 또한 수림樹林의 제단祭壇이므로 한인漢人이 이를 농성籠城-위청전衛靑傳[117]-이라 하고 후래後來의 편의로 초두草頭를 버리고 용성龍城이라 하였다. 『사기史記』, 『한서漢書』, 『후한서後漢書』, 『진서晋書』 등에 보이는 모든 용성龍城이 이것이니, 흉노는 조선민족과 원래 동원同源이거나 그렇지 않으면 태고에 혹 동일한 치하治下에 있었던 시대가 있었는 듯하다."고 했다.

또 그의 저서 『조선상고사朝鮮上古史』에 기술한 흉노에 대한 기사記事를 간추려 보면, "『사기』「흉노전」에 의거

---

117) 『위청전衛靑傳』 : 衛靑은 漢나라 때의 武將. 본 성은 鄭, 자는 仲卿, 시호는 烈. 武帝 때 匈奴를 쳐서 승리를 거둔 공로로 長平侯에 봉해졌다. 위청전은 그의 傳記다.

하면, 흉노도 조선과 같이 5월에 하늘에 제사 지내고, 천제天帝의 상像으로 만든 동인銅人을 휴도休屠라 이름하니 이는 곧 수두蘇塗의 역譯이요, 휴도의 제祭를 맡은 자를 휴도왕休屠王이라 하니 이 또한 단군檀君이란 뜻과 비슷하다. 휴도에는 삼룡三龍을 제사 지내는데, 용龍은 신神을 가리키는 것이니 삼룡三龍은 곧 삼신三神이다. 또 나라 가운데 대휴도大休屠를 둔 휴도국休屠國이 있고 각처에 소휴도小休屠가 있다고 했으니 이는 삼한三韓에 신소도국臣蘇塗國이 있고 각처에 소도蘇塗가 있는 것과 같다고 할 것이다. 흉노족도 수두교蘇塗教를 수입하였음은 의심이 없다. 고대에는 종교와 정치가 구별이 없어 종교상 제사장祭司長이 곧 정치상 원수이며, 종교가 전파된 곳이 정치상 속지屬地라 대단군大壇君 이래 조선의 교화가 지나支那, 흉노匈奴 등 여러 종족에 널리 전포傳布되었음을 미루어 보아 정치상 강역疆域이 광대廣大했음을 알 수 있다."라고 했다.

  전술한 '소도蘇塗'와 '휴도休屠'는 모두 중국 사서史書에 나오는 말인데 중국 발음으로는 글자만 다르지 모두 '수두'다.

  이상을 종합해 보면 용성국龍城國, 정명국正明國, 완하국琓夏國, 화하국花廈國은 모두 휴도국休屠國의 이칭異稱이니 삼한三韓의 소도국蘇塗國과 같고, 휴도국의 휴도왕은 소도국의 천군天君과 같다고 할 것이다. 휴도국이나 소도국은 단군 이래로 천신天神에 제사 지내는 곳이다.

  여기에서 흉노와 북부여의 상황을 잠시 살펴보기로 한다. 흉노匈奴는 서기전 300년경부터 서기 100년경까지 약 400년간 몽골고원을 중심으로 북방 초원지대를 석권한 유목 기마민족의 칭호인 동시에 그들이 세운 나라의 이름이다. 서기전 209년에 묵돌冒頓이 선우單于:흉노의 제왕에 올라 사방으로 세력을 확장했는데 동쪽으로는 북부여北扶餘를 침략해 동몽고東蒙古 등지에서 열하熱河에 이르는 지역을 탈취하였고, 북방의 정령丁令과 에니세이강 상류 키르기즈를 정복하고, 서쪽의 월지月氏를 격파하여 북아시아 최초의 유목민족국가를 세웠으며, 이어서 남쪽으로 산서山西, 평성平城을 침입하여 한나라 고조 유방에게 치욕을 안겨주는 등 그 세력이 대단했다.

  흉노의 신앙은 샤머니즘인데, 국가를 구성한 모든 부족의 족장은 1년에 3회씩 선우의 본거지에 모여서 샤머니즘의 제의祭儀를 행함과 동시에 국사國事를 의논하였다. 정치 양식은 연제攣鞮, 호연呼衍, 수복須卜, 난蘭, 구림丘林 등의 부족연합체제였다.

북부여는 흉노의 침략보다 먼저 연나라 장수 진개秦開의 침략을 받아 만번한滿潘汗 서쪽 어양漁陽, 상곡上谷 등지 2천여 리의 영토를 탈취당한 바 있고, 또 흉노 묵돌에게 서북쪽 수천 리 영토를 침탈당했을 뿐 아니라 뒤이어 위만衛滿에게 번조선番朝鮮 전역을 잃어버리는 등 국력이 쇠진하여 타국과 겨루기 어려운 형편이 되었다.

  이로부터 흉노에게 빼앗긴 수천 리 지역의 조선유민과, 흉노와 국경을 접한 지역에 살던 사람들은 필시 흉노의 지배와 핍박에 대한 반발과 저항의 불안한 생활이 일상화되었을 것이다. 그러다 보니 이를 피하고자 하는 수많은 사람들이 모국인 북부여 쪽으로 탈출하거나, 동족同族의 나라가 있는 동남쪽으로 유랑길에 올랐을 가능성을 생각할 수 있다.

  이 무렵 탈해는 실지失地의 조선유민인 휴도왕의 아들로서, 전술한 바와 같은 역사의 소용돌이에 휘말려 흑룡강黑龍江 물길을 따라 배로 남하했을 가능성이 있다고 추정해 본다. 필자가 그렇게 추정하는 이유를 몇 가지 제시해 보면, 『삼국유사』「탈해왕」조에서 탈해가 "우리나라에는 28용왕이 있다."고 한 말과, 전술에서 언급한 『사기』「흉노전」에서 "휴도에는 삼룡三龍을 제사한다."고

한 말이 맥락을 같이하는 듯하고, 또 탈해가 "자기 본국에는 8품의 성골姓骨이 있다."고 한 말과 흉노국은 "연제, 호연, 수복, 난, 구림 등 부족을 지배층으로 한 부족연합체제."라고 한 말이 맥락을 같이 하는 듯하다.

『삼국유사』「탈해왕」조에 "탈해가 백의白衣:심부름꾼에게 물 심부름을 시키니 백의가 물을 떠오다가 먼저 조금 마시고 탈해에게 주려고 했는데 그 물그릇, 즉 각배角盃118)가 입에 붙어서 떨어지지 않았다. 탈해가 꾸짖자 백의가 다시는 그러지 않겠다고 맹세하니 그제야 각배가 입에서 떨어졌다."고 하였다. '각배角盃'는 흉노족 무사巫師의 기물器物이다. 탈해가 그것을 일상 용기用器로 사용했다는 점에서 흉노문화의 영향을 받은 사람으로 볼 수 있다. 또 "후세에 현몽에 따라 탈해의 시신을 파내어 소

---

118) 각배角盃 : 소나 물소와 같은 짐승의 뿔을 이용하여 만든 잔 또는 흙이나 금속으로 뿔과 같은 형태로 만든 잔을 각배(角盃:뿔잔)라 한다. 각배는 몽고의 흉노족들에게는 그들의 신앙 샤머니즘과 관련하여 무사(巫師:무당과 박수의 통칭)의 기물器物로 사용되었다. 그리고 그것은 동북아시아 쪽에서는 스키타이 무덤에서 껴묻거리로 사용된 예가 많았고 멀리 이란, 아프가니스탄 지방의 주민들 사이에서도 유행하였고, 그리스, 로마 등지의 유물에서도 보인다. 그런데 중국이나 동남아시아에서는 유행하지 않았는데 한반도 동남부, 즉 신라와 가야의 故地에서만 발견되고 백제와 고구려 땅에서는 발견되지 않았다. 이러한 각배를 탈해는 물잔 등 일상의 용기로 사용했다는 점을 유념할 필요가 있다.

상塑像을 만들어 토함산에 안치하고 동악신東岳神이라 했다."고 한 것과 「가락국기駕洛國記」에 "수로왕首露王과 탈해가 둔갑술로써 왕위 쟁탈전을 했다."고 한 것 등은 흉노족의 신앙 샤머니즘과 무관하지 않다고 할 수 있다.

그리고 또 탈해를 북부여의 실지失地인 동몽골 등지의 조선유민으로 추정한 이유는, 탈해가 신라나 가락 사람들과의 언어 소통에 애로가 있었다는 말이 사료에 전혀 없는 것을 미루어 보아 후 삼한사회와 동일 언어를 쓰는 종족이었다고 보기 때문이다.

여기에서 석탈해는 흉노의 문화권에서 흑룡강 물길을 따라 남하하였을 것이라는 필자의 의견과 비슷한 주장이 있어서 소개하기로 한다. 아래는 한양대 김병모金秉模 교수(고고학)가 조선일보(1990.8.22.)에 기고한 「한민족韓民族 뿌리찾기, 몽골학술기행(3)」의 일부이다.

"(전략) 신라왕들의 조상은 몽골지방의 초원을 누비던 기마민족과 같은 신앙, 같은 습관을 지녔고, 어쩌면 같은 종족이었는지도 모른다. 신라의 4대왕 석탈해(서기 57~80)는 이방인이다. 그의 고향은 왜국(일본 구주) 동북 천리에 있는 다파나국多婆那國이다. 그는 배를 타고 이 땅에 왔다. 이처럼 묘한 경력을 가진 탈해가 쓰던 기물器物 중에

'각배角盃'라는 것이 있다. 각배는 동물의 뿔로 만든 잔盃인데 우리나라에서는 신라와 가야의 고지故地에서만 발견되고, 백제나 고구려 땅에서는 나타나지 않는 이상한 물건이다. 그래서 이 각배의 의미와 성격에 대하여 참으로 궁금한 점이 많았다. 멀리 이란, 아프가니스탄 지방의 고대 주민들 사이에서 유행했던 물건인데 어찌하여 중국-동남아시아의 그 넓은 지역에서는 유행하지 않고 뚝 떨어진 한반도 동남부에서만 수십 개씩 발견되는가 하는 점이었다. 이번 몽골 여행 중 우리 일행은 칭기즈칸의 탄생지역인 '헨티'지방을 답사하였다. 헨티시에 있는 작은 민속박물관에서 옛날 무당샤먼의 의상을 살피다가 샤먼의 허리띠에 달려 있는 각배角盃의 실물을 확인한 것이다. 우리나라에서는 5천 년 전에 만든 토제각배土製角盃가 몽골에서는 불과 수십 년 전까지 사용된 샤먼의 기물器物인 것을 보면서 우리는 전율하지 않을 수 없었다.

역시 신라, 가야의 왕들을 흉노식 샤먼무당의 역할을 하였나 보다. 그렇지 않고서는 그 모양이나 기능이 그렇게 꼭 닮고 있을 수가 없겠다. 이런 과정에서 부수적으로 얻은 수확이 있었다. 석탈해의 고향을 왜국 동북 천리라고 한 고대기록을 믿지 못하던 우리 사학계史學界의 의문이 풀리는 듯하다. 예로부터 강물의 흐름은 사람이 이동하고 문화를 전파 시키는 데에 중요한 역할을 해왔다. 몽골족의 고향인 '헨티'에서 동으로 흐르는 강은 만주에서 북상하는 송화강과 우수리강을 만나 흑룡강을 이루고 태평양으로 들어간다. 그러니까 흑룡강의 흐름은 몽골지방과 태평양을 연결하는 교통로가 되며, 흑룡강 하구가 다파라국일 수가 있다면, 왜 석탈해가 몽골의 흉노들 사이에서 유행하던 각배角盃를 들고 이 땅에 나타났는지 충분히 짐작이 가는 일이다. (후략)"라고 하였다.

(2). 탈해脫解의 출현出現 시기時期

①. 『삼국사기』「탈해이사금」 조의 설화 검토

석탈해昔脫解의 탄생 연도는 기록된 곳이 없다. 다만 언제 어디에서 나타났다는 기록이 있을 뿐이다. 그러나 그 출현 기록도 설화마다 달라서 어느 것이 맞는 말인지 판단하기 어렵다.

『삼국사기』「탈해이사금」 조에 의하면 "탈해가 이사금에 즉위서기 57년할 당시의 나이를 62세."라 하고, 이어서 그의 출현을 말함에 "탈해가 금관국金官國 해변에 가니 금관국 사람들이 괴이하게 여겨서 거두지 않으므로 다시 진한辰韓의 아진포阿珍浦에 당도했는데, 이때가 시조 혁거세거서간赫居世居西干 39년 임인년(壬寅: 서기전 19년)이다. 그때 해변에 한 노모老母가 있어서 궤짝을 끌어내어 그것을 열어보니 한 소아小兒가 있었다."고 했다.

혁거세거서간 39년(서기전 19년)을 탈해의 탄생 연도로 보면, 그의 이사금尼師今 즉위서기 57년 당시의 나이는 76세가 된다. 그러나 해변의 노모가 탈해가 들어있는 궤짝을 열었을 때 한 소아小兒가 있었다고 했다. 소아라면 10세 전·후의 아이로 보는 것이 옳을 듯하다. 이를 감안하면 탈해가 아진포에 도착할 때 이미 10세 정도 되었다고 할 것이므로 그가 이사금에 즉위 당시의 나이는 86세라고 해야 할 듯한데『삼국사기』「탈해이사금」조의 첫머리에 '시년時年 62세'라고 하였으니 어디에 근거한 말인지 판단하기 어렵다.

그리고 탈해를 태운 배가 금관국金官國 해변에 가니 금관국 사람들이 괴이하게 여겨서 거두지 않았다고 했다.『삼국유사』에 수록된「가락국기駕洛國記」에 의하면, 가락국은 후한後漢의 광무제光武帝 건무建武 18년 임인(壬寅: 서기 42년)년에 건국建國했다고 했다. 금관국은 가락국의 별칭이다. 혁거세거서간 39년(서기전 19년)은 금관국의 건국보다 60년 전인데 금관국 해변에 갔다고 하고, 또 금관국 사람들이 괴이하게 여겨서 거두지 않았다고 한 말은 무슨 말인지 이해하기 어렵다.

만약 탈해의 이사금 즉위 당시 62세가 맞다고 보면, 그 생년은 서기전 5년이 된다. 남해차차웅 5년(서기 8년)에 그의 공주를 아내로 삼았는데, 당시 탈해의 나이는 13세이고, 남해차차웅 7년(서기 10년)에 대보大輔에 등용되어 군국정사軍國政事를 맡았다고 했는데 그때 탈해의 나이는 15세가 된다. 13세에 혼인은 가능하다 할 수 있지만 15세 소년에게 군국정사를 맡겼다는 말은 상식을 벗어난다 할 것이다. 또 혁거세거서간 39년(서기전 19년)에 탈해가 10세 소아로서 아진포에 왔다고 보면, 37세에 아효부인과 혼인하고 39세에 대보에 등용되어 군국정사를 맡았던 것으로 되니, 이것이 오히려 상식에 가깝다 하겠다.

그런데 의문은 여기에서 그치지 않는다. 『삼국사기』「탈해이사금」 조에 의하면, 그는 재위 24년(서기 80년)에 붕어했다고 했는데 즉위 당시 그의 나이를 62세로 보면 향수 85세가 되고, 그가 아진포에 상륙한 서기전 19년을 출생 연도로 보면 향수 99세가 되고, 또 아진포에 상륙할 당시에 10세 소아였다고 보면 향수 109세가 될 것이다. 탈해이사금의 아들은 구추각간仇鄒角干이고, 손자는 벌휴이사금伐休尼師今인데, 벌휴는 서기 184년에 즉위하여 재위 13년(서기 196년)에 붕어했다고 했다. 이를 바탕으로 하여 탈해이사금의 탄생을 가정한 연도로부터 벌휴이사금 붕어 연도까지 3대의 역년歷年을 가상假想하여 보면, 최장 225년(서기전 29년~서기 196년)이고, 다음이 215년(서기전 19년~서기 196년)이고, 최단 201년(서기전 5년~서기 196년)이 된다. 보학계譜學界에서는 한 세대世代의 교체 기간을 대체로 30년으로 보는 것이 통례通例인데 이를 원용援用하여 한 세대의 교체 기간을 30년으로 가정하고 탈해로부터 구추, 벌휴에 이르기까지 3대의 탄생 연도를 가상假想하여 보기로 한다.

　탈해의 탄생 연도는 전술에서 논급한 바와 같이 그가 아진포에 상륙할 때 이미 10세 정도의 소아였다고 보면, 생년은 서기전 29년이 되고, 아진포에 상륙할 때 1세 영아였다면 생년은 서기전 19년이 되고, 그가 이사금에 즉위할 당시 62세였다면, 생년은 서기전 5년이 된다. 이 세 가지의 경우를 동시에 생각해 보기로 한다.

　벌휴이사금이 서기 184년에 즉위하여 재위 13년(서기

196년)에 붕어했다는 것은 가상이 아니다.

<별표2> 탈해, 구추, 벌휴 3대의 가상假想 생년과 세계世系 연결상황 검토

탈해의 가상 생년	서기 8년 탈해 혼인시 가상 나이	세대간 가상 교체 기간	구추의 가상 생년	벌휴의 가상 생년	서기 184년 벌휴 즉위시 가상 나이	서기 196년 벌휴 붕어시 가상 향수
서기전 29년	37세	30년	서기 9년	서기 39년	145세	157세
		50년	서기 21년	서기 71년	113세	125세
서기전 19년	27세	30년	서기 11년	서기 41년	143세	155세
		50년	서기 31년	서기 61년	103세	115세
서기전 5년	13세	30년	서기 25년	서기 55년	129세	141세
		50년	서기 45년	서기 95년	89세	101세

<별표2>에서 보는 바와 같이 1세대 교체에 소요되는 기간을 통례와 같이 30년으로 가정하였을 경우에는 탈해 3대의 세계 연결이 되지 않고 또 세대간 교체에 소요되는 기간을 50년으로 가상한 경우에도 세계의 연결에 용인容認하기 어려울 정도로 무리가 있다. 한마디로 말하여 탈해의 출현 시기가 사서史書의 기록에 인상引上된 감이 없지 않다.

② <삼국유사> 탈해왕 조의 설화 검토

　『삼국유사』「탈해왕」조의 설화 가운데 탈해의 출현 시기와 관련이 있는 내용을 요약해 보면, 탈해의 출현 시기를 남해왕 때라고 하고 그 원주原註에 "고본古本에는 임인년壬寅年이라고 했지만 그것은 잘못이다."라고 했다. 가락국駕洛國 바다 가운데 어떤 배가 와서 닿으니 그 나라 수로왕首露王이 신민臣民과 더불어 북을 치고 법석이면서 그들을 맞아 머물게 하려고 했는데, 배는 나는 듯이 계림雞林 동쪽 하서지촌下西知村 아진포阿珍浦로 달아났다. 이때 해척海尺 아진의선阿珍義先이 배를 끌어내어 배 안의 큰 궤를 열어보니 그 안에 단정하게 생긴 한 남자가 있었고, 아울러 칠보七寶와 노비奴婢가 가득히 있었다. 그들을 7일 동안 잘 대접했더니 비로소 그 남자가 "나는 본래 용성국龍城國 사람이요."라고 하며 자기가 어디에서 왔는지 말했다고 하고, 또 뒤에 남해왕의 부마가 되었다고 했다.

남해이사금의 재위기간은 서기 4년부터 24년까지 21년간이지만 탈해가 남해이사금의 부마가 된 것이 그 재위 5년(서기 8년)이니, 탈해의 출현은 서기 4년부터 서기 8년까지의 5년 사이에 있었던 일이라는 말이다.

그런데「가락국기」에 의하면, 가락국의 건국과 수로왕의 등극은 남해차차웅 재위 때가 아니고 유리이사금 19년 임인(壬寅:서기 42년)년에 있었던 일인데, 가락국 수로왕이 신민과 더불어 탈해를 맞아 머물게 하려고 법석을 떨었다고 한 말이 무슨 말인가. 탈해의 출현을 남해왕 때라고 한 말이 잘못이거나 아니면 가락국 수로왕의 등장이 잘못일 것이니『삼국유사』의 기록을 그대로 믿기가 어렵다.

그리고 해척 아진의선이 배를 끌어내어 배에 실려 있는 큰 궤짝을 열어보니 그 안에는 단정하게 생긴 한 남자가 있었다고 하였다. 특정인을 가리켜 남자 또는 여자로 표현하는 경우는 대체로 성년의 남녀를 지칭할 때 쓰는 말이다. 따라서 탈해가 아진포에 상륙했을 때는 이미 장성한 사람이었음을 시사한다고 할 것이다. 만약 그렇지 않다면 탈해가 남해이사금 즉위 초에 신라에 와서 그의 재위 5년에 부마가 되었다고 말할 수 없을 것이다.

그렇다 할지라도 전술한 『삼국사기』「탈해이사금 조의 설화 검토」에서 보는 바와 같이 탈해에서 벌휴에 이르는 3대의 세계世系 연결에 무리가 없지 않으니 그의 출현 시기가 인상되었다는 생각을 지우기 어렵다.

③ <삼국유사>「가락국기」조의 설화 검토

「가락국기」에 의하면, 가락국은 후한의 광무제光武帝 건무建武 18년 임인(壬寅: 서기 42년)년에 지금의 김해지역에서 세워진 나라인데, 그 나라 시조가 수로왕首露王이다. 수로왕 3년 갑진(甲辰: 서기 44년)년에 탈해가 바다를 따라 가락국에 왔는데 키는 3척이요 머리둘레는 1척이었다. 그는 주저 없이 대궐로 가서 수로왕에게 "나는 왕위를 빼앗으러 왔소."하고 수로왕과 둔갑술로 다투다가 이기지 못하고 뱃길로 달아났다. 이에 수로왕은 그가 머물러 있으면서 반란을 일으킬까 염려하여 수군水軍 500척을 보내 쫓다가 탈해가 계림지역 안으로 달아나는 것을 보고 회군했다고 했다.

 탈해가 뱃길로 가락국을 찾아와서 수로왕과 왕위 쟁탈전을 벌이다가 이기지 못하고 계림으로 달아난 것이 신라 유리이사금 21년(서기 44년)인데 당시 그는 3척동자였다고 했으나 그러한 일을 3척동자가 벌였다는 것은 상식을 벗어난 일이니 실제로는 3척동자가 아니었을 가능성이 높다고 하겠다.

 「가락국기」의 그 설화에는 탈해가 군사를 거느리고 왔다는 말이 없다. 그런데도 가락국 수로왕이 3척동자三尺童子 탈해의 '왕위 탈취 도전'을 철부지 어린아이의 응석으로 처리하지 않고 정색正色하여 응전應戰하였다고 한 점과 3척동자 탈해가 머물러 있으면서 반란을 일으킬까 두려워하여 급히 수군水軍 500척을 보내어 추격했다고 한 점 등을 미루어 생각해 보면, 탈해는 3척동자가 아니고, 또 혼자 온 것이 아님을 짐작할 수 있다.

 그리고 그 설화대로 가락국 수로왕 3년(서기 44년)에 탈해가 3척동자 철부지로서 수로왕 앞에 나타났다고 일단 인정하고, 탈해로부터 구추, 벌휴에 이르는 3대의 세계世系와 행적行蹟의 연결 가능성 여부를 검토하여 보자.

 3척동자는 10세 정도의 소아小兒로 보고 탈해가 출현

했다는 서기 44년으로부터 역산逆算하여 그의 생년을 서기 35년으로 가정한다. 탈해가 10세 때(서기 44년) 수로왕의 왕위를 탈취하려고 도전했다가 패배하고 신라로 달아나서 유리이사금 29년(서기 52년)경에 18세의 나이로 왕실 부마駙馬가 되고 31년(서기 54년)경 20세 나이로 대보大輔 벼슬에 올라 군국정사軍國政事를 맡았는데, 서기 57년 유리이사금의 유언遺言으로 23세에 이사금에 즉위했다. 탈해는 41세(서기 75년)경에 구추를 낳고 서기 80년 46세로 붕어했다. 구추는 46세(서기 120년)에 벌휴를 낳고 벌휴는 서기 184년 65세에 이사금에 즉위하여 서기 196년에 향년 77세로 붕어했다고 가정한다면 그 세계의 연결은 가능하다.

그러나 탈해가 10세의 3척동자로 신라에 와서 18세에 부마가 되고 20세에 대보 벼슬에 오르고 23세에 이사금에 즉위했다는 말이 현실적으로 가능했겠는가 하는 의문이 있고, 또 탈해가 46세로 붕어했다는 것은 『삼국사기』 「탈해이사금 즉위」 조에 '시년時年 62세'라고 한 말과 너무나 거리가 멀다고 생각된다.

④ 종합적인 견해

탈해의 출생설화를 보면 『삼국사기』 「탈해이사금」 조에는 다파나국多婆那國의 왕비가 아이를 가진 지 7년 만에 큰 알을 낳았다고 하였고, 『삼국유사』 「탈해왕」 조에는 용성국龍城國 함달파왕비 적여국왕녀가 아들 낳기를 기도한 지 7년 만에 큰 알을 낳았다고 하고, 또 『가락국기』에는 완하국琓夏國 함달왕의 부인이 임신하여 알을 낳았다고 하였다.

　그러나 사람이 알을 낳을 수는 없는 일이니 반드시 아이를 낳았을 것이고, 아이는 필시 자립할 수 있을 만큼 자라서 뱃길에 올랐을 것이다. 탈해가 몇 살 때 신라에 왔는지는 생각하지 못하고 다만 그가 신라에 도착한 때를 출생연도로 간주하는 경향에 있었다.

　『삼국사기』에는 '처음 금관국金官國 해변에 이르렀는데 금관 사람들이 괴이하게 여겨서 거두지 않으므로 다시 진한 아진포구에 이르니 이때가 시조 혁거세 재위 39년 임인(壬寅:서기전 19년)년'이라고 하고, 또 '탈해가 서기 57년에 이사금에 즉위하니 시년時年이 62세'라고 하여 혼란을 일으켰다.

　『삼국유사』 「탈해왕」 조에는 탈해의 출현을 남해왕南解王 때라고 하고, 그 원주原註에 이르기를 "고본古本에는 임인년壬寅年이라고 했으나 잘못이다. 가까운 임인년이면 노례왕弩禮王이 즉위한 초년보다 뒤의 일이니 양위讓位를 다투는 일은 없었을 것이고 또 앞의 임인년이면 혁거세赫居世 재위 때의 일이기 때문에 임인년이 아님을 알겠다."고 하였다.

탈해를 태운 배가 가락국 해중에 와서 닿으니 그 나라 수로왕首露王이 신민臣民과 더불어 북을 치고 법석이면서 그들을 맞아 머물게하려고 하였으나 배는 나는 듯이 계림 동쪽 하서지촌下西知村 아진포阿珍浦로 달아났다고 하였다.

『삼국유사』에 수록된 「가락국기駕洛國記」에 의하면, 가락국은 서기 42년 임인壬寅년에 지금의 김해지역에 세워진 나라이고, 금관국은 그 별칭이다. 혁거세거서간 39년 임인壬寅(서기전 19년)년은 금관국이 건국하기 60년 전이요, 남해왕은 재위기간이 서기 4년부터 서기 24년까지니 역시 가락국의 건국이나 수로왕의 등극보다 수십 년 전이다. 그런데도 『삼국사기』와 『삼국유사』「탈해왕」조 및 「가락국기」에 모두 탈해가 가락국을 경유하여 계림으로 갔다고 하였으니 탈해가 가락국을 경유한 것은 틀림없는 사실이라 할 것이고, 다만 계림에 도착한 연도가 인상引

上된 것이라 하겠다. 『삼국유사』「탈해왕」조의 원주原註에는 고본古本의 임인년壬寅年 기록이 잘못이라고 지적하였지만 실은 그 지적 자체가 잘못이라고 생각된다. 즉 고본에 따르면 탈해의 출현은 유리이사금儒理尼師今 19년 임인(壬寅:서기 42년)년인데 가락국 경유 사실은 그대로 둔 채 신라에 입국한 연도만 1주갑(一週甲:60년)을 인상引上하여 혁거세거서간 39년 임인(壬寅:서기전 19년)년의 일로 만들고 나니 그의 손자 벌휴이사금의 등극(서기 184년)과 세계世系의 연결이 되지 않게 되었다. 전술에서 보는 바와 같이 『삼국사기』「탈해이사금 즉위」조에 '시년時年 62세'라고 한 말이 근거 없는 말인 듯하지만, 결론부터 말하면 그것이 역사의 진실이라 하겠다.

　탈해이사금이 62세에 즉위했다면 그의 생년은 서기전 5년이 된다. 고본古本에 전하는 바와 같이 임인년(壬寅年:서기 42년)에 탈해가 가락국駕洛國:일명 金官國을 경유하여 신라에 들어올 때는 3척동자가 아닌 47세 초로의 나이였다고 추정한다. 신라 공주와의 혼인은 남해차차웅의 공주가 아니라 유리이사금의 공주와 혼인이었을 것이고, 왕위를 서로 사양했다는 말은 탈해와 유리의 관계가 아니고 탈해와 유리이사금의 왕자들과의 관계였을 것인데

『삼국사기』를 편찬하는 사람이 탈해의 입국 시기를 1주갑週甲 인상한 것과 맞추어 이 또한 한 세대 인상引上한 것이라 할 것이다.

여기에서 다시 탈해의 출현시기를 임인년(壬寅年:서기 42년)으로 보고 당시 나이를 47세로 보아 구추仇鄒, 벌휴伐休 3대의 세계世系와 행적行蹟의 연결 가능성을 검토하여 보자.

<별표3>에서 탈해, 구추, 벌휴 3대의 역년歷年을 추정하였는데, 통례를 벗어나서 세대간世代間의 교체交替 기간期間을 50년으로 잡아서 그 세계世系를 연결하였다. 이번 추정이 실제의 역사와 과히 틀리지 않기를 바랄 뿐이다.

<별표3> 탈해 3대의 역년歷年 추정推定

사건	추정연도	비고
탈해의 탄생	서기전 5년	용성국에서
가락국(금관국) 건국과 수로왕 즉위	壬寅年(서기42년)	지금의 김해지역
○탈해47세, 금관국 경유 아진포 상륙.	서기42년(壬寅年)	신라 유리이사금 19년(壬寅年)
○탈해, 공주와 혼인 ○탈해, 대보에 등용 군국정사 맡음 ○유리의 왕자와 양위문제 발생	유리이사금19년 (서기42년)부터 34년(서기57년)까지 15년 사이	탈해 보다 공주의 나이 약30세 연하로 추정
○탈해이사금 즉위	丁巳年(서기 57년)	시년時年 62세
○구추仇鄒 탄생 (탈해의 아들)	탈해 14년 庚午年(서기70년)경	탈해 75세 왕비 45세
○탈해 붕어	탈해 24년 庚辰年 (서기 80년)	탈해 향년85세
○벌휴伐休 탄생 (탈해의 손자)	지마이사금 9년 庚申年(서기120년)경	구추 51세
○벌휴 이사금 즉위	甲子年(서기 184년)	시년時年 65세
○벌휴 붕어	벌휴 13년 丙子年(서기 196년)	향년 77세

(3) 탈해 출현出現의 성격性格

『삼국유사』「탈해왕」조에 탈해가 말하기를, "부왕父王 함달파왕含達婆王이 궤를 만들어 나를 그 속에 넣고 칠보七寶와 노비奴婢를 함께 배 안에 실은 뒤 바다에 띄우면서 '아무쪼록 인연 있는 곳에 닿아 나라를 세우고 일가一家를 이루도록 해주시오'라고 빌기를 마치자 문득 적룡赤龍119)이 나타나 배를 호위해서 여기에 도착한 것이요."라고 했다.

그 말을 음미해 보면, 함달파왕이 탈해로 하여금 입국立國 성가成家할 수 있도록 칠보七寶와 노비奴婢를 주어 새로운 땅을 찾아가도록 보낸 것이라 생각된다. 또 적룡, 즉 붉은 용은 참위가讖緯家가 말하는 화덕火德으로 왕 노릇을 할 사람에게 나타난다는 상서祥瑞를 말하는데, 그 적룡의 호위를 받아서 왔다면 이곳에서 왕이 되려고 왔다는 말이 된다. 따라서 탈해가 가락국 수로왕을 찾아가 왕위를 다툴 때 탈해 한 사람만 간 것이 아니라 그를 따르는 자 일단一團을 대동하고 갔던 것으로 짐작된다. 만약 탈해가 단독으로 가락국에 갔다면 수로왕이 탈해가

---

119) 赤龍 : 참위가讖緯家의 말로 화덕火德으로 왕이될 사람에게 나타난다는 상서祥瑞라고 하는데, 漢나라 高祖 劉邦에게 赤龍의 祥瑞가 있었다고 함.

머물러 있다가 반란을 일으킬까 염려하여 그의 탈출을 추격하는데 수군水軍 500척의 많은 병력을 출동했겠는가. 그러므로 탈해 출현 설화의 표현대로 단순히 어린 탈해가 탄 배가 표류해 온 것처럼 볼 것이 아니라 대장부 탈해가 천하天下를 경략經略할 웅지雄志를 실현하기 위해 찾아온 것으로 봐야 한다. 그가 배에 가득 싣고 왔다는 칠보七寶는 많은 재물을 의미하는 말이고, 노비奴婢는 남녀 종과 병력의 대동을 암시한다고 할 것이니 탈해가 해척 지모海尺之母의 도움을 받아 성장했다는 말은 술사자述史者의 연문衍文이 아닌가 생각한다.

(4) 탈해의 성姓과 이름

『삼국사기』「탈해이사금」 조와 『삼국유사』「탈해왕」 조에는 모두 그의 이름 '탈해脫解'를 '토해吐解'라고도 한다고 하였다. 이름에는 소망이나 특별한 의미를 담는 경우가 있을 수 있지만 탈해의 경우엔 어떻게 했는지 알지 못한다.

그리고 탈해를 실은 배가 바다로 떠올 때 까치 한 마리가 울면서 따라왔기 때문에, 또는 까치들이 배 위에 모여들어 울었다 하여 '까치작鵲'자의 한쪽을 떼어 '석昔'

으로써 성姓을 정하고, 또 궤짝을 풀고 알을 벗기고 나왔기 때문에 이름을 '탈해脫解'로 했다고 하였다. 이상은 『삼국사기』와 『삼국유사』의 내용이 거의 같다고 할 것이다. 다만 『삼국유사』에는 "옛날에 남의 집을 내 집이라 하고 빼앗았다." 하여 '옛석昔'자를 성姓으로 했다고도 한다는 한 마디가 더 있을 뿐이다.

숭신전 석탈해 이사금 사당(廟). 경주시 포석로 1050번길 39-11

탈해가 신라에 올 때 이름도 없는 철부지 어린아이가

왔다고 생각할 수는 없다. 전술한 '탈해 출현의 성격'에서 언급한 바와 같이 탈해가 신라에 올 때는 천하를 경략할 웅지를 품고 온 호걸이었을 것이니 신라에 오기 전부터 사용하던 이름이 당연히 있었을 것이다. 그것이 바로 '토해吐解'일 것이다. 또 토해란 이름은 후세에 불교의 영향을 받은 술사자逃史者에 의해 탈해脫解로 바뀌었다고 생각된다.

　사람이 알을 낳았을 것이라고 믿는 사람은 세상에 없다. 따라서 있지도 않은 알을 궤 속에 넣었다고 믿을 사람 또한 아무도 없다. 그런데도 알을 벗기고 궤를 풀고 나왔기 때문에 이름을 탈해로 했다는 말은 말장난에 불과한 것이다.

　여기에서 참고로 몽고과학원蒙古科學院 베수미야바타르 교수가 저술한 『몽고蒙古와 한국민족韓國民族 선조先祖들의 민족·언어학적 상호 관계에 관한 문제에 대해』에서 밝힌 것을, 필란드 헬싱키대학에서 돌아온 고송무(高松茂:민족 언어학)씨가 1980년 1월25일 세종호텔에서 열린 국어순화추진회 조찬회에서 학계에 보고한 자료 중 경향신문에 보도된 것 일부를 옮기면, "베수미야바타르 교수가 불구내弗矩內·이벌찬伊伐湌·태대각간太大角干 등은 '상왕上王',

태대대로太大對盧는 '우두머리', 태대형太大兄은 '높으신네' 등을 몽고어로 밝히고, 몽고어 인명人名의 특색인 -게, -해, -태, -치, -탄 등도 고구려, 신라의 관명官名, 인명人名에서 남해南解·탈해脫解·사찬沙湌 등을 찾아냈다."고 하였다. 이와 관련하여 신라 석昔씨 이사금 여덟 명 중 탈해脫解·내해奈解·첨해沾解·흘해訖解 등 네 명의 이름에 '해解'자가 들어있는 점은 지나쳐볼 일이 아닌 듯 하다.

   그리고 탈해가 신라에 올 때 이미 성姓이 있었는지, 아니면 후세에 성을 소급하여 붙인 것인지 확언確言하기는 어려운 일이다. 하지만 탈해가 들어있는 궤짝을 실은 배가 바다로 떠올 때 갈매기가 따라왔다면 이해하기 쉽지만 바다 가운데 까치가 울면서 따라왔다거나, 까치들이 배 위에 모여들었다고 하는 것은 너무나 졸렬한 발상이다. 이는 술사자述史者가 파자破字로 석昔자를 얻기 위해 '까치작鵲'자를 차용借用하고자 까치가 울면서 배를 따라왔다고 했을 것이니, 믿을 만한 것이 못 된다 할 것이다. 또 옛날에 사술로 남의 집을 내 집이라 하며 빼앗았다 하여 '옛석昔'자를 성으로 정했다는 말은 더욱 믿기 어려운 말이다. 『삼국사기』「탈해이사금」조와 『삼국유사』

「탈해왕」 조에 "탈해가 호공의 집을 속임수로 빼앗았다."고 하였지만, 호공이 죽고 수십 년의 세월이 지난 뒤에 탈해가 신라에 입국하였을 것인데 어찌 집을 두고 호공과 다툼이 있었다고 하겠는가.

이상 설화 내용은 모두 탈해의 성을 석昔 자로 정하게 된 이유를 제시한 것인데 어느 것도 인정하기 어렵다.

전술에서 탈해는 북부여가 흉노에게 침탈당한 실지失地의 조선 유민일 것이라고 추정한 바 있다. 『위략魏略』에 "부여왕의 옥쇄는 '예왕지인濊王之印'이라 했는데, 이는 본래 예족濊族의 땅인데 부여가 살고 있으니 그렇게 이르는 것이다."120)라고 한 것을 보면 부여 땅이 본래 예족의 땅이었음을 알 수 있다. 이에 의지하여 탈해를 북부여 실지失地의 조선 유민 중 예족濊族이었을 것으로 추정해 본다. 그래서 성姓을 옛석昔자로 한 것은, 자신이 예족의 후손임을 이두문吏讀文으로 옛석昔자의 훈을 취하여 표기表記한 것이 아닐까 생각해 본다. 만약 그렇다면 이두문 독법讀法으로 그 훈訓을 취하여 '예'씨로 하여야 할 것을 후세에 이르러 한문 독법으로 그 '음'을 취하여 '석'씨라 하게 되었다고 할 것이다.

---

120) 『魏略』: 夫餘王印文 曰濊王之印 謂本濊地而夫餘居之

제2편

화랑도花郎道의 연원淵源

1. 화랑도花郞道의 칭호稱號

화랑도花郞道의 지도자 즉 우두머리를 화랑花郞이라 했는데, 그 이칭異稱으로는 선인仙人. 선랑仙郞 등이 있다. 화랑을 따르는 무리는 낭도郞徒라 했다.

화랑도花郞徒라 하면 지도자인 화랑과 화랑을 따르는 무리인 낭도를 아울러 일컫는 말인데, 이칭異稱으로는 국선도國仙徒 · 풍월도風月徒 · 풍류도風流徒 · 선도仙徒 등이 있다.

또 화랑도花郞道라 하면 화랑의 무리와 그 무리가 지켜야 할 계율戒律 즉 화랑의 사상思想을 합하여 그것을 총칭總稱하는 뜻으로 쓰였던 말이다. 이칭異稱으로는 국선도國仙道 · 선도仙道 · 풍월도風月道 · 풍류도風流道 등이 있다.

그리고 나라 안의 여러 화랑 집단을 통할統轄하는 화랑 중의 화랑은 국선國仙, 국선화랑國仙花郞, 선화仙化, 풍월주風月主 등으로 불렸다고 한다.

이처럼 화랑도花郞道에 대한 호칭呼稱을 여러 가지로 사용한 것은, 역사를 저술하는 사람이 처음 우리의 토속어로 일컫던 호칭을 이두문吏讀文으로 문자화함에 있어 한자漢字의 음音을 취하기도 하고, 훈訓을 취하기도 하면서

저마다 그 용자用字를 선택해 표기表記하였기 때문에 한 가지 명칭이 기록하는 사람마다 다르게 표기되기도 하였다. 그러나 당시에는 이두문 독법讀法으로 읽었기 때문에 표기된 글자만 다를 뿐, 같은 말임을 쉽게 알 수 있었다. 그러던 것이 후세로 오면서 차츰 이두문 독법은 사라져 버리고 한문漢文 독법讀法으로 읽다 보니 처음 표기할 때 용자用字 선택을 달리한 결과가 후세에 여러 가지 명칭으로 남게 된 것이다.

화랑도의 명칭에 대하여 여기에서 못다한 이야기는 설명의 중첩을 피하기 위하여 다음 항목에서 언급言及하기로 한다.

2. 화랑도花郎道의 원류源流

먼저 화랑도의 발상發祥 시기를 살펴보기로 한다. 『삼국사기三國史記』「신라본기新羅本紀 진흥왕眞興王 37년(서기 576년)」조를 보면, "봄에 비로소 원화源花를 받들었다. 처음에 군신君臣이 인재人材를 알지 못하여 근심하였는데, 많은 사람들로 하여금 무리지어 놀게 한 뒤 그들의 행의行義를 본 연후에 등용하려고 하였다. 마침내 미녀美女 두 사람을 원화源花로 선발하니 그 한 사람은 남모南毛요, 또 한 사람은 준정俊貞이다. 그들은 낭도를 삼백여 명이나 모았는데, 그 두 여자는 아름다움을 다투어 서로 질투하게 되었다. 준정은 남모를 자기 집으로 유인하여 놓고 술을 강권强勸하여 취하게 한 다음 그를 이끌어 강물에 던져 죽여버렸다. 사건이 발각되어 준정이 사형에 처해지고 그 무리들은 실망하여 흩어져버렸다.

그 후에 다시 미남자美男子를 찾아서 곱게 단장하고 화랑花郎이라 이름하여 이를 받들게 하니 그 무리가 구름같이 모여들었다. 그들은 혹은 도의道義를 상마相磨하고, 혹은 가악歌樂을 서로 즐기면서 산수山水를 찾아다녔는데, 먼 곳이라도 가지 아니하는 데가 없었다. 이로 인하여 그 사람의 옳고 그름을 알게 되고, 그 가운데 좋은 사람을 가려서 조정朝廷에 천거하게 되었다."121)라고 하였다.

이 사록史錄에 근거하여 화랑도는 대체로 신라 진흥왕 37년(서기 576년)부터 시작되었다고 보는 경향傾向이 생기게 되었다.

그런데 이보다 14년 전인「진흥왕 23년(서기 562년)」조와『삼국사기』「열전列傳 사다함斯多含」조를 보면, 사다함은 나이 15~6세에 이미 낭도郎徒 1천 명을 거느린 화랑으로서 가야加耶와의 전쟁에 출전하여 큰 공을 세웠다는 기록이 있다. 따라서 진흥왕 37년에 처음 화랑제도를 설치했다는 그 기록은 오록誤錄임이 명백해져서『삼국사기』「신라본기」에는 화랑도의 기원起源을 밝히지 못한 것으로 되어 버렸다.

또 『삼국유사三國遺事』「미륵선화彌勒仙化 미시랑未尸郎 진자사眞慈師」조에는 진흥왕 때 화랑제도를 설치했다고

---

121)『三國史記』「新羅本紀 眞興王 37年」條 : 春 始奉源花 初君臣病無以知人 欲使類聚群遊 以觀其行義 然後擧而用之 遂簡美女二人 一曰南毛 一曰俊貞 聚徒三百餘人 二女爭娟相妬 俊貞引南毛於私第 强勸酒至醉 曳而投河水以殺之 俊貞伏誅 徒人失和罷散 其後更取美貌男子 粧飾之 名花郎以奉之 徒衆雲集 或相磨以道義 或相悅以歌樂 遊娛山水 無遠不至 因此知其人邪正 擇其善者 薦之於朝

하였으나 그 연도는 기록되지 않았고, 여타 내용은 『삼국사기』의 것과 별반 다르지 않아서 그 기원 파악에는 도움이 될 것 같지 않다.

그리고 『동국여지승람東國輿地勝覽』을 보면 「경상도 경주부 풍속, 풍월주 화랑」 조에 이르기를, 법흥왕法興王 원년에 화랑제도를 설치했다고 하였다. 『동국여지승람』은 조선 성종 때 왕명으로 노사신盧思愼 등이 각 도道의 지리, 풍속 등을 적은 책이다. 여기에서 법흥왕 원년에 화랑제도를 설치했다고 한 것은 아마도 역사적 근거가 있어서 그렇게 한 것이 아니고, 『삼국사기』와 같이 진흥왕 37년에 화랑제도를 설치했다고 하다가 오록誤錄이라는 질책質責을 받을까 염려하여 그 시기를 법흥왕 때로 한 왕조를 앞당긴 것이라 추측된다. 따라서 참고 되지는 않을 것으로 본다.

그래서 사료史料 검토의 범위를 더 넓혀서 『삼국사기』 「고구려본기高句麗本紀 동천왕東川王 21년(서기 247년)」 조를 살펴보면, "<상략> 평양성平壤城을 쌓고 백성들과 종묘宗廟 사직社稷을 옮겼는데 평양은 본래 선인仙人 왕검王儉이 살던 곳이라, 혹은 왕의 도읍都邑 왕험王險이라 이른다."122)고 했다. 이는 『삼국사기』에 등재된 단군 왕검에 대한 유일한 기사다. 여기에서 '평양은 본래 선인 왕검이 살던 곳'이라고 한 말은 필시 화랑의 원류를 적은 『선사仙史』 본문本文의 한 구절일 것이다. 이처럼 『삼국사기』에서 '단군檀君 왕검王儉'을 '선인仙人 왕검王儉'이라 했다. 선인仙人은 전술前述한 바와 같이 화랑花郎의 이칭異稱이다. '단군 왕검'을 '화랑 왕검'이라 한 것이니 화랑도의 기원은 여기에서 찾아야 할 것이다.

다음은 화랑도花郎道의 원류源流를 더듬어 보기로 한다. 교육도서 발행 『세계백과대사전世界百科大事典』을 보면, "화랑도는 신라시대 젊은이들이 국가의 안전과 민족의 수호守護를 위하여 사私를 희생하고 대의大義에 몸과 마음을 바친 무사도武士道로서 한국 민족 고유의 전통적 정신과 신앙의 표현이다."라고 하였다. 또 교육출판공사 발행 『한국사대사전韓國史大事典』을 보면, "신라시대 청소년들의 무사도武士道인 화랑도花郎道는 삼국三國 전체에서 행하여 오던 우리 고대사회의 독특한 기풍, 혹은 종교가 특히 신라에 와서 화랑도로 정립定立되었다고 추정推定하는 것

---

122) 『三國史記』「高句麗本紀 東川王 21年」條 : <상략> 築平壤城 移民及廟社 平壤者本仙人王儉之宅也 或云王之都王險

이 타당할 것이다."라고 하였으며, 서강출판사 발행 『세계대백과사전世界大百科辭典』에는 "화랑도花郞道의 기원起源은 불명不明이나, 원시시대 한족韓族의 청년집회靑年集會가 화랑단花郞團의 원류源流로 추측된다."고 하였다. 이상 3종의 책에서 주장하는 내용들은 개연성蓋然性의 제시提示에 불과한 것으로 보이지만 화랑도花郞道의 원류源流가 청년집회靑年集會 등 원시사회의 유습遺習이나 종교宗敎 또는 원시신앙原始信仰과 관련關聯되었을 것임을 시사示唆한 것이라 사고思考의 영역領域을 가늠함에 도움이 될 듯하다.

신단재申丹齋는 저서 『한국사연구초韓國史硏究草』「조선역사상 1천년래 제일 대사건」조에서 이르기를, "화랑花郞은 본래 상고上古 소도제단蘇塗祭壇의 무사武士 곧 그때 '선비 = 선배'라 칭하던 자인데, 고구려高句麗에서는 조의(皁衣:검은 색 제복)를 입어서 조의선인皁衣仙(先)人이라 했고 신라新羅에서는 미모美貌를 취하여 화랑花郞이라 했다."고 하였다.

그는 또 다른 저서 『조선상고사朝鮮上古史』「태太, 차次 시대 선배의 제도」조에서 "화랑의 별칭인 선인仙人과 고구려의 선인先人은 신수두臣蘇塗 교도敎徒의 보통 명칭인 '선배'를 이두吏讀로 표기한 것이다. '선仙' 또는 '선先'은 그 음音을 취하여 '선배'의 '선'을 표기한 것이고, 'ㅅ'은 그 뜻을 취하여 '선배'의 '배 = 무리'를 표기한 것이다."라고 하였다.

그리고 안호상安浩相 박사는 저서『한웅과 단군과 화랑』에서 다음과 같이 말했다. "배달임금 즉 단군께서 배달 사람들에게 '얼'과 '길'을 가르쳐주셨다. 그 가르침이 '배달교'인데, 신라에서는 이두법吏讀法으로 한자漢字를 빌어 이를 풍월도風月道, 혹은 풍류교風流敎라 하였다. 배달길을 풍월도風月道 또는 풍류도風流道라 표기한 것은 우리말을 소리 나는 대로 이두문吏讀文으로 적은 것이다. 풍월도風月道의 '풍風'은 옛 발음으로 '발암 풍'자이니 그 초성初聲을 취하여 '발'로 읽고 '월月'은 '달 월'자이니 그 훈訓을 취하여 '달'로 읽을 것이라. 이를 이어서 읽으면 '발달길 = 밝달길 = 배달길'이 된다. 달은 땅의 고어古語이니 음달, 양달, 비탈 등이 그 예다. 풍류도風流道의 '풍風' 역시 그 훈의 초성을 취하여 '발'로 읽을 것이고, '류流'는 '흐를 류'자인 동시에 '달아날 류'자이므로 후자의 초성을 취하여 '달'로 읽을 것이니, 이를 이어서 읽으면 '발달길 = 밝달길 = 배달길'이 되는 것이라 이 또한 풍월도風月道와 같은 말이라 할 것이다."라고 하였다.

필자筆者는 위 두 분의 주장이 적견的見이라 생각한다. 이유는 후술後述에서 종합하여 개진開陳하기로 한다. 다만 단재丹齋의 『한국사연구초』에서 인용한 내용 중 "신라에서는 미모美貌를 취하여 화랑花郎이라 했다."고 한 주장에는 동의同意하지 않고, 이에 대한 졸견拙見을 여기에 제시提示한다.

행촌杏村 이암李嵒의 『단군세기檀君世紀』「단군 흘달屹達」조에 "소도蘇塗를 많이 설치하고 천지화天指花를 심었다. 미혼未婚의 자제子弟로 하여금 글 읽기와 활쏘기를 익히게 했는데, 이들을 국자랑國子郎이라 부르게 하였다. 국자랑이 나가서 돌아다닐 때는 머리에 천지화天指花를 꽂았기 때문에 당시 사람들은 이들을 천지화랑天指花郎이라고도 하였다."123)라는 구절이 있다. 이 기사記事를 보니 조선왕조 때 과거科擧에 급제及第한 사람이 어사화御賜花를 꽂은 모자 즉 모화帽花를 쓰고 특별한 신분임을 과시하며 유가遊街했던 일을 연상聯想하게 된다. 오랜 옛날에도 신분 과시를 위하여 머리에 꽃 꽂는 풍속이 있었던 것 같다. 천지화天指花가 어떤 꽃을 지칭하는 말인지는 알 수

---

123) 杏村 李嵒의 『檀君世紀』「檀君 屹達」條 : 多設蘇塗 植天指花 使未婚子弟 讀書習射 號爲國子郎 國子郎出行 頭挿天指花 故時人稱爲天指花郎

없으나 당시 나라에서 성스럽게 생각하던 꽃임에는 틀림이 없을 것이다. 소도제단蘇塗祭壇에서 미혼未婚의 젊은이들을 모아 글 읽기와 활쏘기를 익히게 했다고 했으니, 이들이 곧 소도교蘇塗敎 또는 배달교風流敎의 교도敎徒요, 화랑도花郎道의 전신前身이라 생각된다. 또 이들이 나들이 할 때는 신분의 존귀함을 과시하고자 머리에 천지화天指花를 꽂았고, 그 때문에 이들을 천지화랑天指花郎이라 불렀다고 했으니 이것이 화랑花郎 칭호稱號의 어원語源이 아닌가 한다.

단언하기는 어렵지만 상고上古 때 소도제단 무사들이 나들이할 때 머리에 꽃 꽂아주던 그 유습遺習이 후세에 전해져서 신라에서도 화랑을 선임하면 그 신분과 권위를 과시하기 위하여 나라가 지정한 꽃을 머리에 꽂아주었을 개연성蓋然性이 없지 않다. 후세로 오면서 신분을 나타낼 수 있는 모자를 쓰게 됨에 따라 머리에 꽃 꽂아주던 풍습은 사라지고 이름만 남아 호칭呼稱 사용의 편의를 위하여 천지天指라는 꽃이름 두 글자는 생략되고 다만 '화랑花郎'으로써 그 칭호로 삼았을 것이라 추정推定한다.

당唐나라 사람 영호징令狐澄이 '화랑花郎의 칭호稱號에 꽃화花자가 들어간 이유를 잘못 이해하고 쓴' 그의 저서

『신라국기新羅國記』의 한 구절에 나오는, "귀인의 자제子弟로 아름다운 자를 뽑아서 분粉을 바르고 곱게 단장丹粧하여 화랑花郞이라 이름했다."124)라고 쓴 것을 그대로 초록抄錄하여 『삼국사기』「신라 진흥왕 37년」 조 화랑제도 설치 역사에 수록蒐錄하였기 때문에 그 영향으로 화랑은 '화장한 남자' 또는 '미모를 취하여' 등 허황虛荒한 말이 붙어 다니게 된 것이라 생각된다.

그리고 북애北崖의 『규원사화揆園史話』「단군기檀君記」를 보면, "단군檀君이란 단국檀國 즉 박달나라 임금이란 뜻이다. 우리 말에 '단檀'을 이르기를 '박달'이라 하고, 혹은 '백달'이라고도 한다."125)고 하였다. '박달', '백달'은 '배달'이라 하기도 했다. 그래서 상고上古에는 우리나라를 '배달나라'라고 하고, 민족을 말할 때는 '배달겨레'라 했다.

---

124) 당나라 사람 令狐澄의 『新羅國記』에서 抄錄하여 『三國史記』「新羅本紀 眞興王 37年」 條에 蒐錄한 내용 : 唐令狐澄新羅國記曰 擇貴人子弟之美者傅粉粧飾之 名曰花郞 國人皆尊事之也. ※한국정신문화연구원 발행 『한국민족문화대백과사전』에 의하면, 『신라국기』는 당나라 사람 고음 顧愔이 지은 '신라견문기'인데, 『삼국사기』에는 영호징의 저술로 잘못 기록되었다 하였음.
125) 北崖의 『揆園史話』 檀君記 : … 檀君者檀國之君也 而東語謂檀曰 朴達或白達

'박달 또는 배달'은 '밝은 땅' 곧 '하늘의 은총이 내리는 박달나라'란 뜻이니 그곳은 바로 천신天神이 척강陟降하고, 천신에 제사祭祀 지내는 소도蘇塗일 것이므로, 소도는 곧 박달이요, 배달이요, 더 크게 거슬러 올라가면 아사달阿斯達이라 할 것이다.

앞에서 고찰考察한 것들을 종합하여 화랑花郞과 화랑도花郞道의 여러 가지 명칭을 아래와 같이 간추려 본다.

○ 풍월도風月道(徒), 풍월주風月主, 풍류도風流道(徒), 풍류교風流敎 등의 풍월風月과 풍류風流는 전술한 바와 같이 모두 '발달 = 밝달 = 배달'로 읽을 것이요, 그것은 배달교風流敎 즉 소도교蘇塗敎의 교도敎徒임을 의미하는 말이라 할 것이다.

○ 선인仙人, 선랑仙郞, 국선國仙 등 '선仙'자를 쓴 명칭은 모두 소도제단蘇塗祭壇 즉 배달교風流敎 교도敎徒의 보통 명칭인 '선배 = 선비'에서 유래由來된 명칭임을 이미 전술前述하였다. 그리고 국선國仙 등 국國자를 더 붙인 것은 국가의 대표 화랑이라는 의미인 듯하다.

○ 화랑花郞은 소도제단의 천지화랑天指花郞에서 유래由來된 명칭임을 전술에서 추정推定한 바 있다.

이상을 근거로 하여 화랑도의 원류源流를 말한다면 두말할 것 없이 소도蘇塗에서 시작되었다고 할 수 있고, 그 사상思想의 바탕에는 단군檀君의 가르침이 자리해 있다고 하겠다.

　그래서 신단재申丹齋와 안호상安浩相 박사의 주장을 앞에서 적견的見이라고 한 것이다.

　제정일치祭政一致 사회이던 상고上古에는 소도제단蘇塗祭壇의 무사武士가 곧 나라의 무사였지만, 제정祭政이 분리分離 되면서부터 소도교도蘇塗敎徒인 무사武士는 소도에 머물러있고 정치권政治圈에는 참여하지 않았을 것이다.

　그런데 시대가 변천함에 따라 군주君主의 왕권王權 강화, 외세와의 경쟁 등 정치권政治圈의 필요에 의해 다시 소도제단 무사를 정치권 영역으로 흡수하여 국가 직할조직으로 개편했다고 추정한다. 아마도 그 개편 시기가 법흥왕, 또는 진흥왕 때라고 생각된다. 그래서 『삼국사기』에는 그 개편을 화랑도의 창시創始로 잘못 수록한 것이 아닌가 하는 생각을 하게 된다.

　그리고 원화源花를 화랑花郞의 전신前身처럼 생각하는 경향이 있는데, 원화는 마치 유럽 중고中古 때 예수교 무사단武士團의 여교사女敎師와 같은 성격인 교단敎團의 여자

간부일 뿐 화랑의 전신이 아니다. 원화의 시원始原은 '웅녀雄女'라고 생각한다. 웅녀雄女는 암곰이라는 말이 아니다. 우리 고어古語에서는 '신神'을 '곰 = 검 = 감 = 굼' 등으로 말했으니 '곰녀雄女'는 '신단神壇의 여자' 즉 '신녀神女'라는 말이다. 그래서 신녀神女 즉 '곰녀 = 검녀'를 후세에 이두吏讀로 표기表記하다 보니 곰웅雄자의 훈訓을 취하여 곰녀雄女라 쓰고, 신녀神女의 뜻으로 읽었을 것이다. 후세로 오면서 우리의 고어古語와 이두문 독법讀法은 사라지고 지금에 와서 한문독법漢文讀法으로 읽으니 어찌 그 본래의 뜻을 다 밝힐 수 있겠는가.

3. 화랑도花郞道의 계율戒律과 소도蘇塗

'이것이 화랑도의 계율'이라고 명문明文으로 전하고 있는 현존 사서史書는 없다. 다만 『삼국사기』 「열전列傳 귀산貴山」 조條에 원광법사圓光法師가 귀산貴山과 추항箒項에게 일러준 세속오계世俗五戒에 대한 기록이 있고, 또 『삼국유사』 「원광서학圓光西學」 조에도 『삼국사기』를 인용하여 수록한 기록이 있을 뿐이다. 하지만 그 두 책에는 그것이 화랑도의 계율이라는 말은 없다. 뿐만 아니라 원광법사에게 세속오계의 가르침을 받았다는 귀산貴山과 추항箒項이 화랑花郞이거나 낭도郞徒로서 그 가르침을 받았다는 기록 또한 없다. 『삼국사기』에는 "귀산과 추항은 사량부沙梁部 사람"이라고만 하고, 뒤에 "아막성阿莫城 싸움에 두 사람 모두 소감少監으로서 출전出戰하여 큰 공을 세우고 전사戰死했다."고 하였고, 『삼국유사』에는 "현사賢士 귀산은 사량부 사람인데, 같은 마을 사람 추항과 벗이 되어 원광법사를 찾아와서 세속오계를 들은 뒤에 두 사람 모두 전쟁에 나가서 나라에 큰 공을 세웠다."라고만 하였을 뿐이다.

원광법사가 귀산과 추항에게 일러준 오계五戒의 명칭이

'세속오계世俗五戒'로 된 것은 "지금 세상의 풍속에는 다섯 가지의 계율이 있으니今有世俗五戒"라고 한 원광법사의 말에서 비롯된 것이다.

세속오계世俗五戒의 내용은 다음과 같다.

1은 충성으로 임금을 섬기는 일이요. 事君以忠
2는 효도로 부모를 섬기는 일이요. 事親以孝
3은 신의로 벗을 사귀는 일이요. 交友以信
4는 싸움에 임해서는 물러서지 않는 일이요. 臨戰無退
5는 산 것을 죽이는 데 가려서 하는 일이다. 殺生有擇

그런데 세상에서는 세속오계를 원광법사가 제정制定하였다고 보는데, 그 견해는 잘못이다. 전술前述한 세속오계의 계율 명칭 설명에서 언급한 바와 같이 '그 당시의 세상 풍속에 알려져 있는 다섯 가지 계율'을 원광법사가 귀산과 추항에게 일러준 것일 뿐, 원광법사가 오계五戒를 지어서 가르쳐 준 것이 아님을 사료史料 그 자체에서 밝히고 있다. 만약 세속오계를 원광법사가 제정한 것이라면 그 사료에 '금유세속오계今有世俗五戒'란 말을 쓰지 않았을 것이기 때문이다.

이상에서 살펴본 바와 같이 세속오계를 언급한 사료에는 '화랑도와 관련되는 계율'이란 말이 전혀 없다. 그런데도 '세속오계'라 하면 세상이 화랑도의 계율로 인정하고, 또 그것을 '화랑오계'라고도 한다.

그 이유가 무엇일까.

일십당一十堂 이맥李陌이 찬술한 『태백일사太白逸史』 「삼신오제본기三神五帝本紀」를 보면, "소도蘇塗를 세우면 모두 계戒가 있었으니 바로 충忠, 효孝, 신信, 용勇, 인仁으로 오상五常의 도道다. 소도 곁에는 반드시 경당扃堂을 세우고 혼인婚姻하지 아니 한 사내들로 하여금 사물事物을 강습講習하게 했는데 대개 책읽기, 활쏘기, 말타기, 예절, 가악歌樂, 격투기拳搏와 검술劍術 등 여섯 가지 기예技藝를 뼈에 새기듯 익혔다."126)고 하였다.

여기에 나오는 오상五常 즉 충忠, 효孝, 신信, 용勇, 인仁이 바로 세속오계世俗五戒가 아닌가. 그리고 소도蘇塗 곁에는 경당扃堂을 세우고 혼인하지 않은 사내들을 모아 육예六藝를 가르쳤다고 하였으니 그것이 곧 화랑도花郞道고, 그 경당이 바로 화랑도장花郞道場이다.

---

126) 李陌의 『太白逸史』 「三神五帝本紀」 : 蘇塗之立皆有戒　忠孝信勇仁　五常之道也　蘇塗之側　必立扃堂　使未婚子弟　講習事物　盖讀書習射馳馬禮節歌樂拳搏竝劍術　六藝之顈也

따라서 화랑도花郎道는 배달교風流敎의 교도敎徒 가운데 청소년으로 조직된 집단인 것이 명확하다 할 것이다. 다시 말하여 세속오계는 본래 소도교蘇塗敎 즉 배달교風流敎의 계율戒律 오상五常의 도道인 충忠, 효孝, 신信, 용勇, 인仁인데 이것이 한문으로 정제整齊되어 세상에 전파傳播되었던 것이라고 보면 틀림이 없을 것이다.

화랑도의 연원淵源을 한마디로 말하면, 화랑도는 제정일치祭政一致 사회 때 소도蘇塗에서 배달교風流敎 활동의 일환一環으로 발상發祥하였는데, 제정祭政이 분리된 후에 정치권政治圈과 분리되어 있다가 시대의 변천에 따라 필요에 의하여 다시 정치권에 흡수된 종교적인 호국 무사단으로 성장한 단체였다고 할 수 있다.

여기서 소도蘇塗에 대하여 대강을 살펴볼 필요가 있겠다. 신단재申丹齋는 '소도蘇塗'를 '수두'로 읽는 것이 옳다고 했다. 삼한사三韓史에서 말하는 소도蘇塗는 중국中國 사서史書에서 나온 말인데, 우리말 '수두'를 중국 사가史家가 음역音譯하여 '수두蘇塗'라 하였으니 그것의 본래 발음은 중국어 발음대로 '수두'라 읽는 것이 옳다는 주장이다. 그는 자신의 저서 『조선상고사朝鮮上古史』에 이렇게 기술하고 있다.

"원시인민原始人民이 우주형상宇宙形象을 과학적으로 해석할 지식이 없으므로 가상적假想的으로 우주에 신神이 있다고 정하고 모든 것을 신神의 조작으로 보아 신을 숭배하는 동시에 각기 천연天然 환경을 따라 혹 만유萬有의 물物을 다 신神으로 인식하여 이를 숭배하며, 혹 만유萬有의 물物 위에 일신一神이 있다 하여 이를 숭배하였으니, 이것이 이른바 종교이며 원시시대 각 민족사회마다 각기 고유한 종교를 가진 실재實在다.

조선족朝鮮族은 우주의 광명光明이 그 숭배의 대상이 되어 태백산太白山 수림樹林을 광명신光明神의 서숙소棲宿所로 믿었다. 그 뒤 인구가 불어나서 각지에 분포하니 각기 거주지 부근에 수림樹林을 길러 태백산의 것을 모상模像하고 그 수림을 이름하여 수두蘇塗라 했다. '수두'는 '신단神壇'이란 뜻이다.

매년 5월과 10월, 수두에 제사를 지내는데 한 사람을 뽑아 제주祭主로 삼아서 수두 중앙에 앉혀 '하느님' 또는 '천신天神'이라 이름하여 여러 사람들이 제祭를 올렸다. 이때 수두 주위에는 금줄을 매어 할 일 없는 사람들의 출입을 금했다. 전쟁이나 기타 큰일이 있으면 비록 5월이나 10월의 제기祭期가 아니더라도 소를 잡아 수두에 제사 지내고 그 앞에서 소의 발굽으로 길흉吉凶을 점占했는데, 발굽이 떨어지면 흉凶하고 붙으면 길吉하다고 하였다.
 강적强敵이 침입하면 각 수두 소속의 부락들이 연합하여 이를 방어하고 가장 공功이 많은 부락의 수두를 제1위로 높이 받들어서 '신수두臣蘇塗'라 이름하니 '신臣'은 최고 '최상'을 의미하는 말이다. 기타의 각 수두는 그 아래에 부속하였다. … <중략> '단壇'은 '수두'의 음역音譯이요, '단군檀君'은 곧 '수두하느님'의 의역義譯이다. 수두는 소단小壇이요 신수두는 대단大壇이다. 수두에는 단군檀君이 있으니 수두의 단군은 소단군小壇君이요, 신수두의 단군은 대단군大壇君이다."
 참으로 적견的見이라 생각된다.
 참고로 중국의 『삼국지三國志』「위지魏志 동이전東夷傳」에 수록된 소도蘇塗에 대한 사료史料 일단一端을 옮긴다.
 "항상 5월에 파종을 다 하고 귀신에 제사 지낸 뒤에 무리 지어 노래하고 춤추며 술 마시기를 밤낮 쉴 사이 없이 한다. 그 춤은 수십 명이 함께 일어나 서로 따르고 땅을 구르며 몸을 낮추었다 높였다 하며 손과 발이 서로 장단을 맞춘다. 리듬節奏은 방울춤鐸舞과 비슷하다. 10월에 농사가 끝나면 역시 그렇게 한다. 귀신을 믿어서 국읍國邑 마다 각 한 사람씩을 세워 천신제天神祭를 주제主祭 하게 했는데 이름을 천군天君이라 했다. 또 모든 나라에는 각각 별읍別邑이 있었는데 이름을 소도蘇塗라 했다. 그곳에서는 큰 나무를 세우고 방울북을 달고 귀신을 섬겼는데, 어떤 도망자가 그 가운데에 들어가도 모두 돌려보내지 않았다."127)라고 하였다.

임승국 박사는 『한단고기』 역주에서 "일본에서는 도소자께塗蘇酒, 도소마루塗蘇丸 등으로 소도를 거꾸로 적어 소도교의 흔적을 말하고 있다. 티벳, 인도, 파키스탄 등에도 소도교가 퍼졌던 증거로 『초인생활』이란 책이 나와 있으니 소도교는 한때 아시아 대륙을 뒤덮은 종교였던 듯하다."라고 하였다.

---

127) 『三國志』 魏志 東夷傳 : 常以五月下種訖 祭鬼神 群聚歌舞 飮酒 晝夜無休 其舞数十人 俱起相隨踏地低昂手足相應 節奏有 似鐸舞 十月農功畢 亦復如之 信鬼神 國邑各立 一人 主祭天神 名之天君 又諸國各有別邑 名之爲蘇塗 立大木懸鈴鼓 事鬼神 諸亡逃至其中 皆不還之

4. 조직組織과 수련修鍊

　화랑도花郎道의 처음은 배달교風流敎의 청소년 교도敎徒로서 소도蘇塗에서 자생自生한 수련修鍊 단체團體였던 듯하다. 평소에는 도의道義를 닦고 무술武術을 연마하다가도, 외침外侵이 있을 때는 무사단武士團으로 전환하여 방위 기능을 맡았던 것으로 짐작된다.
　초기의 그 조직은 화랑과 낭도로 이루어졌을 것이나 조직에 국가가 관여하면서부터 설치 지역이 소도를 벗어나게 되었고, 점차 조직이 체계화되면서 단체의 수효도 늘어나게 되었다. 화랑의 수효가 일정하지는 않았으나 3~4명에서 많게는 7~8명 사이였던 것으로 보인다. 국내의 여러 화랑을 통할하는 풍월주 또는 국선을 두었고, 낭도의 수효는 화랑에 따라 달랐다. 많은 경우에는 1천 명이 넘기도 하였다.
　『삼국유사』「미륵선화彌勒仙花 미시랑未尸郎」조에, '미시랑이 어릴 때 부모를 모두 잃어 성姓도 모르는 천애天涯 고아孤兒인데도 국선國仙으로 삼았다'고 한 것을 보면 국선이나 화랑, 낭도는 신분상 특별한 제한이 없었던 듯하다.

화랑도花郎道의 이념理念은 개인의 수양과 단련을 통하여 국가에 봉사하는 것이었다. 그 수련修鍊 내용을 사서史書에서 확인하여 보기로 한다.

　『삼국사기』「신라본기 진흥왕 37년」조를 보면, "도의道義로써 서로 연마鍊磨하고 가악歌樂으로써 서로 기뻐하며 명산名山 대천大川을 두루 유람遊覽했는데, 먼 곳이라도 가지 않은 데가 없었다."128)라고 하였다.

　그리고 『삼국유사』「미륵선화 미시랑」조를 보면 화랑의 수련에 대한 기록은 없고 화랑제도를 설치한 효과에 대해서 다음과 같이 말하고 있다.

　"화랑의 제도를 설치하고부터 사람들로 하여금 악한 것을 고쳐 착한 일을 하게 하고, 윗사람을 공경하고 아랫사람을 순하게 하니 오상五常, 육예六藝, 삼사三師, 육정六正이 당대當代에 널리 행하여졌다."129)

　오상, 육예, 삼사, 육정이 널리 행하여졌다면 그것에 대한 특별한 교육이나 수련이 있었던 것이 틀림없을 것이니 그 내용을 더듬어 보자.

---

128) 『三國史記』「新羅本紀 眞興王 37年」條 : 或相磨以道義 或相悅以歌樂 遊娛山水 無遠不至
129) 『三國遺事』「彌勒仙花 未尸郎」條 : 此花郎國仙之始… 自此使人悛惡更善 上敬下順 五常六藝 三師六正 廣行於代

전술한 '계율戒律과 소도蘇塗' 항에 인용한 『태백일사太白逸史』「삼신오제본기三神五帝本紀」의 '오상五常과 육예六藝'가 바로 여기에서 말하는 '오상과 육예'다. 오상五常은 충忠, 효孝, 신信, 용勇, 인仁을 말하는데, 이것을 구체화具體化하고 정제화整齊化한 것이 '오계五戒'다. 즉 충성으로 임금을 섬기고, 효도로 부모를 섬기고, 신의로 벗을 사귀고, 싸움에 나가서는 물러서지 아니하고, 산 것을 죽이는 데는 가려서 하여야 한다고 가르쳤을 것이다.

또 육예六藝는 책 읽어 공부하기讀書, 활 쏘는 법 익히기習射, 말 타고 달리기馳馬, 예의와 절도 익히기禮節, 노래와 풍악으로 정서 기르기歌樂, 격투기와 검술 익히기拳搏並劍術 등 여섯 가지 기예技藝인데, 이를 뼈에 새기듯 가르쳤을 것이다. 六藝之顥也130)

그리고 삼사三師, 육정六正 역시 이맥李陌의 『태백일사太白逸史』「삼신오제본기三神五帝本紀」에 간략히 수록되어 있다. 삼사三師는 삼노三老라고도 한다. 이는 모든 읍락邑落이 스스로 설치하였는데, '어질고 덕 있는 자有賢德者'와 '재물을 베풂이 있는 자有財施者'와 '치리治理를 알고 있는 자有識事者'를 두어 모두가 스승으로 섬기고 가르침을 받

---

130) 五常, 六藝에 대한 原文은 '註126' 참조

는 것이 그것이다. 또 육정六正이 있으니 현명하게 보좌할 사람賢佐, 충성스러운 신하忠臣, 훌륭한 장수良將, 용감한 병사勇卒, 명망 높은 스승名師, 도덕으로 사귀는 벗德友으로 성장할 수 있도록 인재를 길러내는 것이 그것이다.131)

김대문金大問의 『화랑세기花郎世記』에는 "어진 재상宰相과 충성스러운 신하가 여기에서 뽑혀 나왔고 뛰어난 장수와 용감한 병사가 이로 말미암아 생겨났다."132)고 하였다.

김유신의 경우처럼 화랑이 혼자 산속의 동굴에서 단식斷食 기도를 하면서 신비스런 체험을 하는 경우도 있었을 것이고, 국토國土를 순례하면서 호연지기浩然之氣를 기르고 국토애國土愛를 함양하기도 하였을 것이다. 뿐만 아니라 널리 인간 세상을 이롭게 하는 홍익인간弘益人間의 이념理念과 하늘숭배祭天報本, 조상공경敬祖如天, 사람사랑愛人如己 등 단군의 근원根源 사상을 힘써 가르치고 오계五戒와 함께 연마鍊磨케 하였을 것이다. 그래서 최치원崔致遠이 난

---

131) 李陌의 『太白逸史』「三神五帝本紀」: 諸邑落皆自設三老 三老亦曰三師 有賢德者 有財施者 有識事者 皆師事之是也 又有六正 乃賢佐忠臣良將勇卒明師德友是也
132) 『三國史記』「新羅本紀 眞興王 37年」條 : 金大問花郎世紀曰 賢佐忠臣 從此而秀 良將勇卒 由是而生.

랑비鸞郎碑 서문序文을 통하여 "우리나라에 현묘玄妙한 도道가 있는데 이를 배달교風流敎라 한다. 이 교敎를 설치한 근원은 선사仙史에 상세히 실려있다. 실로 이에는 삼교三敎를 포함한 것으로 모든 생물과 접촉하여 교화敎化하였다. 또한 집에 들어오면 부모에 효도하고 나가서는 나라에 충성하니 이는 공자孔子의 취지고, 하염없이 일들을 처리하고, 말 없는 가르침을 실행하니 이는 노자老子의 종지宗旨요, 또 모든 악함을 짓지 않고 모든 착함을 받들어 행하니 이는 석가釋迦의 교화敎化다."133)라고 호기豪氣 있게 말할 수 있었으리라.

---

133) 『三國史記』「新羅本紀 眞興王 37年」條 : 崔致遠鸞郎碑序曰 國有玄妙之道 曰風流 設敎之源 備詳仙史 實乃包含三敎 接化群生 且如入則孝於家 出則忠於國 魯司寇之旨也 處無爲之事 行不言之敎 周柱史之宗也 諸惡莫作 諸善奉行 竺乾太子之化也

5. 화랑도의 기풍氣風

『삼국사기』나 『삼국유사』에 수록된 화랑들의 전기를 보면, 화랑이나 낭도 모두가 나라를 위하여 죽음을 두려워하지 않는 용감함이 있었다. 특히 전쟁에 임해서는 전사戰死하는 것을 명예로 생각하는 경향이 있었다고 한다.

황산벌 싸움에서 신라군의 사기를 드높이기 위하여 장군 품일品日과 김흠순金欽純은 각기 자기의 아들인 화랑 관창官昌과 반굴盤屈을 전사戰死케 했고, 석문 싸움에서 당唐 군에 패전하고 살아서 돌아온 원술元述을 두고 그 아비인 김유신이, '왕명을 욕되게 하고 가훈을 저버렸다'는 이유로 임금에게 아들을 죽이도록 탄원까지 한 예가 있다. 그러한 정신이 화랑도의 수련만으로 배양된 것이라고 보기에는 부족한 감이 없지 않다.

도대체 무엇이 그렇게 목숨을 가볍게 여기는 무사도武士道 정신으로 나타나게 하였을까.

신단재申丹齋의 『조선상고사』에 인용한 『소재만필昭齋謾筆』의 「화랑의 설」을 보면, "사람이 전쟁에서 죽은 뒤에는 천당天堂의 제1위를 차지하고, 노인으로 죽으면 죽은 뒤에 혼魂도 노인이 되고, 소년으로 죽으면 혼魂도 소년이 된다고 하여 화랑들이 소년으로 전쟁에서 죽음을 즐겼다."고 하였다. 이것을 보면 화랑도의 수련에 이와 같은 샤머니즘 요소까지 섞여 실제로 활용되지 않았을까 하는 생각을 하게 된다.

신의信義로써 벗을 사귄다 하는 것도 보편적인 차원의 신의가 아닌 듯하다. 화랑 사다함斯多含은 무관랑武官郎과 죽음을 함께할 벗이 되기로 약속했는데, 무관랑이 병으로 죽자 심히 슬퍼하여 7일 동안 통곡하다가 그 약속을 지켜 자신도 죽었다. 이는 사회 일반적 관점에서 보자면 상상하기 어려운, '신앙적信仰的 차원의 신의'였던 것으로 여겨진다.

살생殺生을 가려서 한다는 말은 산 것을 죽이지 말라는 것이 아니라 번식기나 필요 이상의 살생을 금하고, 또 고기가 한 점도 안되는 작은 것은 죽이지 않는다는 말이니, 그 시기와 물物을 가려서 한다는 것이다. 역시 신단재의 『조선상고사』에 인용된 것으로 『대동운옥大東韻玉』에 이르기를 "국선國仙이 사냥 가서 알 품은 새나 새끼 가진 짐승을 마구 살육하였더니, 야점野店의 주인이 저녁 밥상에 자기의 다리 살을 베어 놓고 '공公은 어진 사람이 아니니 사람 고기도 먹어보라' 하였다."고 했다. 이는 당시 신라 사회에 화랑오계花郞五戒 사상이 성하게 보급되어 사람마다 살생유택殺生有擇의 계율을 봉행하던 때이므로 이를 실행하지 않는 사람에게 사람의 고기도 먹어보라고 면박을 준 것이다. 그것이 비록 한 토막 짧은 이야기에 불과한 것이지만 당시 신라 사회의 분위기를 짐작하게 하는 화랑사花郞史의 일부라 할 것이다.

  한 점의 고기 맛을 보면 온 솥의 국맛을 알 수 있다고 하였다. 이상에서 제시한 몇 가지 사적事跡으로써 화랑도의 기풍을 미루어 알 수 있을 것이다.

6. 김부식金富軾과 화랑도花郞道의 역사歷史

　단재는 저서『조선상고사』제8편「진흥왕眞興王의 화랑 설치」조에 이르기를 "저들이『신라국기新羅國記』에서 인용하였다고 한 것이 '택귀인자제擇貴人子弟' 이하 도합 24자134)에 불과하지만, 명明나라 사람 도종의陶宗儀가 엮은『설부說郛』중 영호징令狐澄의 저서『신라국기新羅國記』에서 인용하였다고 한 내용 가운데 '신라군신新羅君臣 병무이지인病無以知人…… 거이용지擧而用之' 등의 말이 있으니 이를 미루어 보면, 그 이하 사실과 김대문金大問, 최치원崔致遠의 논평까지도 대개『신라국기』의 것을 초록抄錄한 것인가 한다. 김부식이 이와 같이『신라국기』에 쓰인 화랑 설치의 사적은 인용하고, 본국에 유전流傳된 것은 말살하여 버렸다."라고 하였다.

　다시 말하면『삼국사기』「신라본기 진흥왕 37년」조에 화랑제도를 설치하게 된 이유를 설명하는 말을 우리 역사에 근거하여 쓰지 않고, 당唐나라 영호징令狐澄의『신라국기』에서 표절剽竊하여 그 첫머리의 '신라군신新羅君臣'을 '초군신初君臣'으로 고쳐 "처음에 군신君臣이 인재人材를

---

134) 擇貴人子弟 … 以下 24자 本文은 '註124' 參照

알지 못하여 근심하던 끝에 많은 사람을 무리지어 놀게 하여 그들의 행의行義를 본 연후에 등용登用하려고 하였다."135)라고 기록한 것이 확인되었으니 이를 미루어 보면, 그 나머지도 모두 표절하여 옮겨놓은 것으로 보인다는 말이다.

또 그의 저서 『한국사연구초韓國史硏究草』에서 말하기를 "『삼국사기』는 저자 김부식金富軾이 화랑花郎을 원수처럼 보고 배척하는 유교도儒敎徒 중에도 가장 너그럽지 못하고 엄혹嚴酷한 인물이므로 본국 전래傳來의 『선사仙史』, 『화랑기花郞記』 같은 것은 모두 말살하고 다만 외국까지 전파된 화랑의 한두 사실과 『화랑세기』의 한두 구절 즉 당唐나라 사람이 지은 『신라국기新羅國記』, 『대중유사大中遺事』 등에 쓰인 화랑에 관한 문구를 초록抄錄하여 그 원류源流를 혼란混亂케 했으며, 연대年代를 전도顚倒하고, 허다한 화랑의 아름다운 사실을 매몰埋沒 시켰으니, 이 얼마나 가석可惜한 일인가."라고 하였다.

김부식이 『삼국사기』를 찬술한 당시에는 화랑에 대한

---

135) 『三國史記』「新羅本紀 眞興王 37年」條 : 初君臣 病無以知人 欲使類聚群遊 以觀其行義 然後擧而用之
※여기의 '初君臣'은 令狐澄의 '新羅君臣……'을 고쳐 수록한 것임.

기억記憶도 생소生疎하지 않았고, 그것에 대한 문적文籍도 많이 있었을 것이다. 그러함에도 불구하고 그가 화랑도에 대한 역사歷史를 수록蒐錄하면서 전술前述과 같은 신랄辛辣한 비판을 받을 정도로 화랑 역사의 근간根幹이라 할 수 있는 화랑도의 원류源流와 성격性格 등을 체계적體系的으로 기록하지 않은 이유가 무엇일까.

그 의문을 풀기 위하여 당시 고려高麗 사상계思想界의 흐름을 일별一瞥하여 보기로 한다.

고려 태조가 불교를 국교國敎로 삼았지만 불교의 성격상 정치문제에 격렬히 계통적인 주장을 가지지는 않았고, 대체로 국풍파國風派와 그 견해가 근접하였다. 국풍파國風派는 화랑도花郎道의 자주自主, 호국정신護國精神을 계승하고자 하는 사람들의 인맥人脈으로 이루어진 세력이다.

광종光宗과 성종成宗의 치세治世부터 유학계儒學界에서 사대세력事大勢力이 형성되기 시작했는데, 성종 12년에 거란契丹의 소손녕蕭遜寧이 침입하자 사대파事大派에서는 이를 물리칠 계책은 세우지 못하고 도리어 서경西京 이북의 땅을 베어주고 화친和親을 구걸하자는 주장을 내어놓았다. 이에 국풍파國風派 서희徐熙, 이지백李知白 등이 그것은 좋지 않은 계책임을 논박論駁하였다. 특히 이지백은 유신

儒臣들의 나약儒弱함과 사대사상事大思想을 질타叱咤하는 상주上奏를 했는데, 이로부터 조신朝臣의 정론자廷論者는 국풍파國風派와 사대파事大派로 나뉘게 되었다.

사대파는 존화주의尊華主義를 견지堅持하여 국체國體는 중화中華의 속국 됨을 자처하고, 정책政策은 비속卑俗한 말과 두터운 예물禮物로써 대국大國을 섬겨 평화를 얻을 것을 주창主唱했는데, 그 중심 인물이 김부식金富軾이다.

국풍파에서는 국체상國體上으론 자주自主, 독립獨立, 칭제稱帝, 건원建元을 주장하고, 정책상政策上으로는 군사를 일으켜 북벌北伐하여 압록강 이북의 옛 땅을 회복할 것을 역창力唱했는데, 그 중심 인물은 윤언이尹彦頤다.

이 두 파가 논봉論鋒을 휘두르며 대치對峙하는 가운데 승도僧徒 묘청妙淸이 화랑도의 사상에다 음양가의 미신을 보태어 서경西京 천도遷都와 북벌北伐을 주장하며 인종仁宗 13년(1135년)에 서경에서 광망狂妄히 거병擧兵하였다가 사대파 김부식金富軾에게 진압되었다. 그 결과 사대파가 권력을 장악하고 김부식은 그 권력의 중심에 서게 되었다.

교육출판공사 발행 『한국사대사전韓國史大事典』에 의하면, 김부식은 묘청의 난을 평정함에 윤언이尹彦頤가 자기의 막하幕下에서 공을 세웠으나 개인적인 감정으로 그것을 무시하고 그를 정지상鄭知常의 무리로 몰아 양주梁州 방어사防禦使로 쫓아냈다고 하였다.

김부식은 묘청의 난을 평정함과 동시에 국풍파를 정계에서 몰아낸 다음, 사대사상을 근본으로 삼아 『삼국사기』를 찬술撰述한 것이다. 거기에는 사대事大에 충실하고자 고조선古朝鮮과 북부여北扶餘 및 동부여東扶餘의 역사는 기록하지 않아 우리 문화의 소자출所自出을 없애버렸고, 또 발해渤海의 역사를 버려서 대륙의 역사 영역을 앞당겨 포기하였다.

이러한 여건 위에서 냉정히 생각하여 보자. 과연 김부식이, 사대事大에 어긋난다 하여 화랑도와 같은 자주사상自主思想에 관한 역사의 기원起源과 성격性格 등을 명쾌히 밝히지 않고 또 영랑永郎, 술랑述郎 등 신라 천년의 사상을 지배한 화랑들의 사적事跡을 수록하지 않아 매몰埋沒되게 하였을까.

아니면 정치 이념이 다른 정파政派의 사상적 원류源流에 해당하는 역사라 하여 그것을 말살抹殺하고자 제대로 수록하지 않았을까.

그 개연성蓋然性까지 부인否認하기는 어려울 듯하다.

7. 화랑도의 변천變遷

김대문金大問의 『화랑세기花郎世記』에 화랑의 총 숫자가 300여 명이라고 전하지만, 그것이 현존現存하지 않기 때문에 자세한 내용은 알 길이 없다.

대체로 화랑도는 진흥왕眞興王 치세治世부터 태종太宗, 문무文武 두 임금의 치세治世에 이르는 사이에 가장 왕성한 활동이 있었다고 한다.

신라가 3국 통일의 과업을 완수한 뒤에는 화랑도가 무사단武士團으로서의 의의意義는 자연히 줄어들 수밖에 없었으므로 점차 침체와 쇠퇴의 길을 걷다가 신라의 멸망과 더불어 화랑제도는 소멸되었다.

그런데도 화랑도의 호국사상護國思想과 자주정신自主精神은 바로 사라지지 않고 고려高麗로 이어져서 국풍세력國風勢力으로 인맥人脈을 이어오다가 예종睿宗 때는 화랑도의 부흥復興을 위한 조서詔書를 내린 적도 있다. 그러나 묘청의 난을 겪은 뒤에는 사대주의事大主義에 밀려서 국풍세력의 인맥人脈마저도 찾아보기 어렵게 되었다.

그렇지만 국가와 민족이 위기에 처했을 때마다 그 호국 자주정신은 다시 살아났으니, 몽고 침략 시의 항몽투

쟁, 임진왜란과 병자호란 때의 의병봉기, 일제강점기하의 독립운동 등이 그 대표적인 예다.
　이처럼 화랑정신은 우리 민족과 더불어 영원히 함께할 것이다.

여적餘滴

신라 군주君主의 시호諡號 시행 전 위호位號와 그 의미意味

1. 거서간居西干

  본조本條의 설명은 '제1편'「혁거세의 성명과 위호位號」조에서 이미 상설詳說하였으므로 여기에서는 중언重言을 피하기로 한다.

2. 차차웅次次雄

『삼국사기』에는 '남해차차웅南解次次雄'이라고만 하였고, 『삼국유사』에는 '남해거서간南解居西干'이라 하고, 또 이르기를 '차차웅次次雄'이라고도 한다고 하였다. 그리고 위의 양서에는 모두 차차웅次次雄은 '자충慈充'이라고도 한다고 하였다. 차웅次雄의 축음縮音이 충充이니 차차웅의 축음은 곧 차충이 되는 것이라, 이두吏讀로 표기함에 용자用字 선택의 차이일 뿐 자충慈充과 차차웅次次雄은 같은 말이다.

김대문金大問이 이르기를, "차차웅次次雄이란 무당巫堂을 이르는 방언方言이다. 무당은 귀신을 섬기고 제사를 숭상하기 때문에 세상 사람들은 그들은 두려워하고 공경한다. 그래서 마침내 존장자尊長者를 자충慈充이라 했다."고 하였다.

당시는 제정일치祭政一致 사회였을 것이다. 따라서 제사장祭司長이 곧 군장君長이요, 군장이면 바로 제사장이 되었을 것이다. 김대문이 말하는 무당은 곧 제사장을 지칭하는 말일 것이다. 『삼국사기』에는 "거서간이란 진한 말로 왕이다."[136)라고 하였고, 『삼국유사』에는 "거서간은

이 뒤부터 왕자王者의 존칭이 되었다."137)라고 했으니 이를 미루어 보면 남해南解의 정치적 군장의 위호는 '거서간居西干'이었을 것이고, 종교적 수장의 위호는 '차차웅' 또는 '자충'이었을 것이다.

그때는 군주君主의 위호位號라 해도 시호諡號 제도가 없었기 때문에 실명實名에 제왕帝王의 의미인 '간干'자를 붙여서 사용하였다. 그러니 남해南解가 거서간居西干을 위호로 삼았다 하더라도 아버지 혁거세의 이름을 위호로 사용하는 부담이 있었기 때문에 정치적 수장의 위호는 가급적 쓰기를 피하고, 대신 종교적 수장의 위호인 차차웅, 또는 자충을 즐겨 썼을 것으로 짐작된다.

역대 군주君主가 거서간을 위호로 사용하는 데는 전술과 같은 부담을 피할 수 없었을 것이므로 3대 유리儒理 때부터 위호를 이사금尼師今으로 바꾸었을 것으로 생각된다.

---

136) 『삼국사기』: 居西干 辰言王
137) 『삼국유사』: 居西干…自後爲王者之尊稱

3. 이사금尼師今

『삼국사기』에 이르기를, "남해가 붕어하니 태자 유리儒理가 마땅히 즉위하여야 할 것인데도 대보大輔 탈해脫解가 평소 덕망이 있었으므로 유리가 임금자리를 그에게 미루어 주려고 사양하니 탈해가 말하기를, '왕위王位는 용열한 사람이 감당할 바가 아닙니다. 듣건데 성스럽고 지혜로운 사람은 이齒가 많다 하니 시험해 봅시다' 하고 떡을 물어 이를 시험한즉 유리儒理의 잇금齒理이 많은지라, 이에 좌우가 더불어 유리를 받들어 세우고 위호를 '이사금尼師今' 또는 '이질금尼叱今' 또는 '치사금齒師今' 또는 '치질금齒叱今'이라 했다."

고전古傳에 전하는 바는 이와 같다.

그런데 김대문金大問은 이르기를, "이사금은 방언인데 치리齒理를 이르는 말이다. 옛날 남해南解가 죽음에 임해서 아들 유리와 사위 탈해에게 이르기를 '내가 죽은 뒤에는 너의들 박朴·석昔 두 성이 연장자로서 임금의 자리를 이으라'고 했는데, 그 뒤에 김金씨가 또 일어났으므로 박·석·김 3성이 연장자로서 서로 임금의 자리를 이었던 까닭으로 '이사금'이라 칭했다."고 하였다.

이상의 설명을 정리하여 보면, 이사금은 나이를 따져서 연장자가 왕위를 계승한다는 의미의 위호位號인 양 말했지만 그것은 아닌 듯하다. 먼저 연장자 순위로 왕위에 오른 것이 아님을 예시하면, 유리이사금의 2자 파사婆娑가 5대 이사금에 즉위했고, 유리이사금의 장자이자 파사의 형인 일성逸聖이 7대 이사금에 즉위했으니, 연장자 순위로 왕위에 오른 것이 아닌데도 그 위호로 '이사금'이라 쓴 것을 보면, 앞에서 제시한 사서史書의 기록에도 불구하고 이사금은 연장자 순위로 왕위를 계승한다는 의미의 위호가 아닌 것이 분명하다. 따라서 이사금은 치리齒理를 말한다고 할 수 없다 할 것이다.

　또 이사금은 '잇는다'는 말이므로 계승자繼承者의 뜻이 있다고도 하지만 계승자는 계승할 사람이거나, 계승한 사람을 지칭하는 말이지 계승한 사람의 작위爵位를 지칭하는 말이 아니기 때문에 위호位號의 의미로 보기 어렵다고 하겠다.

　『교학대한한사전敎學大漢韓辭典』에 꾸짖을 '질叱'자의 이두吏讀 용법用法 설명을 보면, 질叱자는 사이시옷 'ㅅ' 또는 쌍시옷 'ㅆ'으로 쓰였다고 했다.

　'尼叱今'을 한문 독법으로 읽으면 '이질금'이지만, 이는 한문 용법으로 쓴 것이 아니고 이두吏讀 용법用法으로 쓴 것이기 때문에 이두문 독법讀法으로 읽으면 '이ㅅ금', 즉 '잇금', 곧 '임금'이 된다.

사師자의 이두 용법 또한 질叱자와 같을 것이니 '이사금尼師今'도 이두 독법으로 읽으면 '이ㅅ금', 즉 '잇금'·'임금'이 된다.

'치질금齒叱今'의 치齒자는 이두 용법상 음을 취하지 않고 그 훈訓인 '이'를 취한 것이니 치질금齒叱今·치사금齒師今을 이두문 독법으로 읽으면 이질금尼叱今·이사금尼師今과 같이 모두 '이ㅅ금', 즉 '잇금' 곧 '임금'이 된다.

이두문으로 표기表記하는 사람의 용자用字 선택選擇의 차이로 네 가지의 기록으로 전해졌지만 그 독음讀音은 모두 '임금'이요, 그 뜻은 모두 '왕王'을 지칭하는 말이다.

4. 마립간麻立干

『삼국유사』「남해왕」조에 혹은 말하기를, "마립간麻立干은 마수간麻袖干이라고도 한다."고 했다.

김대문金大問이 해석하기를, "마립麻立이란 방언方言으로 궐橛, 즉 말둑을 말하는데 이는 서열序列을 이르는 말이다. 서열은 위位를 따라 정하는 것이니 임금의 서열이 주가 되고 신하의 서열은 아래에 배열排列한다. 때문에 이렇게 이름한 것이다."138)라고 하였다.

『삼국사기』「눌지마립간訥祇麻立干」조에도 이와 같은 말이 그 원주原註에 실려있다.

우견愚見으로는, 마립麻立은 방언方言으로 서열序列을 의미하는 말이라 하더라도 그것을 위호位號로 쓰는 경우에는 서열의 뜻으로 쓰이지 않았을 것이다. 위호는 작위爵位의 명호名號를 지칭하는 말인데, '서열'이란 말을 '작위'의 명칭이라 할 수는 없을 것이므로 서열과는 다른 뜻의 말로 사용되었을 것이다. 예컨대 '만인지상萬人之上'이라고 하면 곧 '제왕帝王'을 가리키는 말이 되지만, 그 자체가

---

138) 『삼국유사』 金大問云 麻立者 方言謂橛也 橛標準位而置 則王橛爲主 臣橛列於下 因以名之

위호는 아닌 것처럼 마립麻立은 비록 임금의 서열이 주가 된다 하더라도 그것 자체를 작호爵號라 할 수는 없다고 할 것이다.

신단재申丹齋는 『한국사연구초韓國史硏究草』의 「전·후 삼한고前·後 三韓考」에서 주장하기를, "그 위호인 신한은 도리어 마한馬韓에 양讓한 고로 「신라본기」에 의거하면 혁거세부터 지증智證까지 거서간居西干 · 이사금尼師今 · 마립간麻立干 등으로 칭하고 왕이라 칭하지 못하였는데, 마립간麻立干은 『삼국사기』 「눌지마립간訥祇麻立干」 조 원주에 김대문金大問이 이르기를 '마립궐야麻立橛也'라 하였으니 '궐橛'의 의미는 '말'이라, 그러면 마립간은 '말한馬韓'으로 읽을 것이다. '말한'도 오히려 존칭이므로 초대에는 쓰지 못하고 눌지에 이르러서 4대를 쓰고 법흥法興 때 와서 비로소 '신한', 곧 '대왕'이라 칭한 것이다."라고 하였다.

김대문이 '마립자 방언위궐야麻立者 方言謂橛也'라고 한 것은 마치 궁궐宮闕 앞에 설치된 품계석品階石과 같이 '군신君臣의 서열을 이르는 말뚝'이라는 뜻으로 한 말이지 '말한'이란 의미로 한 말이 아닌데 그것을 그릇 인용하여 '말한'이라 하는 데는 동의하기 어렵다.

앞에서 제시한 단재丹齋의 주장 가운데 "혁거세로부터

지증까지 거서간居西干 · 이사금尼師今 · 마립간麻立干 등으로 칭하고 왕王이라 칭하지 못했다."고 했는데, 마치 외세의 억압으로 왕이란 위호를 사용하지 못했거나, 왕이란 위호를 쓸 줄 모르는 미개국인 양 생각한 듯하다. 이는 전술한 바와 같이 신라의 건국 세력은 북방에서 왔기 때문에 왕이란 위호를 쓸 줄 몰라서가 아니라 북왕 고토의 옛 제도와 관행을 그대로 지키고자 고제古制를 답습踏襲한 것임을 인정하지 않은 데서 비롯된 판단이라 할 것이다.

또 그의 주장 가운데 "말한도 오히려 존칭이므로……."라는 대목이 있는데, 신라 건국 당시라면 그렇게 생각할 수도 있을 듯하지만 이미 말한이 멸망한 지 4백 년이 지나서 특별한 사람이 아니면 이름도 기억하기 어려운 그 명칭을 눌지訥祗가 과연 존칭으로 생각하고 위호位號로 삼았을까.

만약 그렇게 했다면 말한을 멸망시킨 백제 사람들의 눈에 신라의 군주君主는 어떻게 보였을까.

그리고 『고어사전古語辭典 : 南廣祐編』에도 「마립간麻立干」조에는 '말한'으로 해석하는 학자가 있다고 하고, 「말한」조에는 '마립간麻立干'을 괄호 안에 넣었다. 아마도 단재의 주장과 무관하지 않은 듯하다.

'간干'은 본래 군왕君王을 지칭하는 북방의 말이었는데, 후세에 오면서 신라에서는 관제상官制上 부서部署의 수장首長 등 중견中堅 관리官吏들도 간干을 관직官職의 명칭으로 사용하게 되었다. 각간角干·이벌간伊罰干·서발한舒發翰·서불한舒弗邯·해간海干·파미간破彌干·아척간阿尺干·급복간及伏干 등이 그것이다. 그런 가운데 사용한 군왕의 위호 마립간麻立干이니 여타餘他 관리들의 관직 명칭과는 확연確然히 다른 의미가 있을 듯하다.

혹자는 마립麻立을 마루宗와 같은 어원語源의 말로 대수장大首長의 의미라고 한다.

우견愚見으로는 머리頭의 고어古語가 '마리'이니 '마립麻立'은 이두吏讀로 머리頭를 취음取音 표기表記한 것으로 보고자 한다. 따라서 '마립간麻立干'은 '우두머리왕' 곧 '대왕大王'의 의미라 할 것이다.

參考文獻

『三國史記』金富軾 著 明文堂 発行
『三國遺事』一然 著 乙酉文化社 発行
『朝鮮上古史』申采浩 著 三星美術文化財團 発行
『韓國史研究草』申采浩 著 乙酉文化社 発行
『歷史學報』第17·18合輯
　　　　　(東濱 華甲記念論叢) 歷史學會 発行
『千年古都慶州』慶州市 発行
『朝鮮史硏究』鄭寅普 著 서울신문사 発行
『한웅과 단군과 화랑』안호상 지음 사림원 발행
『神檀實記』金敎獻 著 흔뿌리 발행
『揆園史話』北崖 著 흔뿌리 발행
『고조선(역사·고고학적 개요)』
　　　　　유엠부찐 씀 소나무 발행
『韓國古代史新論』尹乃鉉 著 一志社 発行
『고대사 東方大帝國』鄭逸永 著 마당 발행
『檀君實史에 관한 考證硏究』李相時 著 고려원 발행
『韓國通史』韓㳓劤 著 乙酉文化社 発行
『國史大觀』李丙燾 著 寶文閣 発行

『한단고기』 林承國 번역·주해 정신세계사 발행
　　　　　「三聖記」 安含老 撰
　　　　　「三聖記」 元董仲 撰
　　　　　「檀君世紀」 李嵒 撰
　　　　　「太白逸史」 李陌 撰
　　　　　「北夫餘記」 范樟 撰
『韓民族의 뿌리思想』 宋鎬洙 著 가나출판사 발행
『國史槪說』 孫晉泰 編
『대역 화랑세기』 김대문 저 이종욱 역
　　　　　　　소나무 출판사 발행
『世界百科大事典』 교육도서 발행
『한국사대사전』 교육출판사 발행
『世界大百科辭典』 서강출판사 발행
『韓國民族文化大百科事典』 한국정신문화연구원 발행

신라 건국세력의 출현과
화랑도의 연원에 대한 고찰
신라 역사의 서막을 살피다

초판 1쇄 펴낸 날 2021년 6월 18일

지은이 손종옥
펴낸이 손희경
펴낸곳 책마을
출판등록 제 342-2007-00005호
주　　소 서울시 중구 마른내로6길 32 2층
　　　　　(인현동2가 189-24)
전　　화 (02) 2272-9113, 010-7162-5344
E-mail moonin02@hanmail.net

값 18,000원
ⓒ손종옥, 2021

ISBN 978-89-93329-36-0　93910

· 저작권법에 의해 보호를 받는 저작물이므로 무단전제와
　복제를 금합니다.
· 이 책 내용의 일부 또는 전부를 이용하려면 반드시 저작권자와
　책마을의 서면동의를 받아야 합니다.